AF190656

Karl Schumacher

Danke für die Rettung
Stanislaw Petrow
Michail Gorbatschow

Warum es im ukrainischen Krieg nicht zu einem Einsatz von Atomwaffen und einem Weltkrieg kommen wird

Book on Demand

Bibliografische Information der Deutschen Nationalbibliothek: Die Deutsche Nationalbibliothek verzeichnet diese Publikation in der Deutschen Nationalbibliografie; detaillierte bibliografische Daten sind im Internet über dnb.dnb.de abrufbar.

© 2023 Karl Schumacher
Herstellung und Verlag: BoD = Books on Demand, Norderstedt
ISBN: 9783757874230

Inhalt

Warum es im ukrainischen Krieg nicht zu einem Einsatz von Atomwaffen und einem Weltkrieg kommen wird

Atomwaffen, Nationalismus und Selbstwertgefühl

Die beiden Männer, Stanislaw Petrow und Michail Gorbatschow kannten die Gefahren des Einsatzes atomarer Waffen genau. Beruflich mussten sie sich sehr intensiv mit Atomwaffen beschäftigen. Diese Waffen wurden in den Kriegen in Korea, Vietnam, Afghanistan oder Kaschmir nicht eingesetzt, da sie ihrer Bestimmung nach als Vergeltungswaffen gegen einen atomaren Angriff gedacht sind. Wer immer diese Waffen als erster einsetzt, setzt sich und seinem Volk unabsehbaren und langfristig kaum beherrschbaren Folgeschäden aus. Während seines zwei wöchentlichen Aufenthalts in Deutschland hat mir Stanislaw Petrow die militärischen Befehlsstrukturen und Befehlsketten der atomaren Abwehr beschrieben, bis zu den finalen Code Freigaben. Der Einsatz atomarer Waffen verbietet sich auch aus militärischer Sicht. Zum einen besteht kein Militär weltweit aus Selbstmördern und im Militärrecht gibt es das Recht der Verweigerung von Befehlen, die offenkundig rechtswidrig sind. Während meiner 5 oder 6 Besuche in Russland habe ich eine Vielzahl von Menschen getroffen, die ich ohne Ausnahme als äußerst sympathisch kennengelernt habe. Nie hat mich jemand auf die Verbrechen der Hitler Armeen in Russland angesprochen oder mich gar als deutscher Nachfahre moralisch mitverantwortlich gemacht. Niemand weiß besser als wir Deutschen, welches Elend, Unglück,

Leid und Tod der Geist des Nationalismus über unser Volk und andere Völker gebracht hat. Erst als dieser Geist des Nationalismus überwunden war, konnten sich die positiven Kräfte Deutschlands voll und ganz auf die Wirtschaftsentwicklung konzentrieren. Das Ergebnis war großer Wohlstand für alle Bürger Deutschlands und begründet bis heute unser großes Ansehen in der Weltgemeinschaft. Eine solche Entwicklung des Wohlstandes ist wegen der Größe des Landes, der vielfältigen Bodenschätze und der qualifizierten Bildung der Bevölkerung auch für alle Bürger Russlands möglich. Und ein weiteres Ansehen und Selbstwertgefühl Russlands als Großmacht in der Weltgemeinschaft wäre damit auch verbunden. Dieses Selbstwertgefühl – nicht wesentlich auf den Besitz riesiger Arsenale von Atomwaffen begründet- würde sich auf eigene Leistungen beziehen und hätte damit einen unermesslichen Wert für die Zukunft. Auch China begründet seine heutige Position als Weltmacht nicht im Wesentlichen auf seinen Status als Atommacht, sondern auf die Erfolge seiner wirtschaftlichen Entwicklung. Ich bin sicher, dass Stanislaw Petrow und Michail Gorbatschow wie alle vernünftig denkenden und handelnden Menschen einen Ersteinsatz von Atomwaffen als nur einem unzurechnungsfähigen Geist entsprungen betrachtet hätten. Ich bin deshalb so sicher, weil ich diese beiden Männer persönlich kennengelernt habe.

Stanislav Jewgrafowitsch Petrov und
Michail Sergejewitsch Gorbatschow

Wie ich diese beiden Männer traf und mich bei ihnen bedankte.

Es war mir nicht an der Wiege gesungen worden, dass ich einmal in meinem Leben derartige weltgeschichtliche Männer kennenlernen sollte. Im März 1951 in Oberhausen im Ruhrgebiet als Sohn sehr junger Eltern geboren. Der Schutt des Zweiten Weltkrieges war beseitigt. Infolge der vielen zerstörten Häuser und der zahlreichen Flüchtlinge bestand große Wohnungsnot. Und wer eine Wohnung hatte, heizte mit Kohlen. Das Plumpsklo hinter den Häusern wurde bei Tag und Nacht -auch im Winter-genutzt, da es noch keinen Anschluss an das öffentliche Kanalnetz gab. Die Kinder wurden samstags in einer Zinkwanne gewaschen. In diese Welt wurde ich geboren mit einer schweren Behinderung – vergleichbar mit der damals grassierenden Kinderlähmung. 10 Operationen waren nötig, um mich vor einem Leben im Rollstuhl zu bewahren. Krankheitsbedingt wurde ich erst mit 7 Jahren eingeschult, und meine Mutter hat mich nach einer Operation monatelang in die Schule getragen. Meine Eltern haben mich nach der Grundschulzeit nur deshalb aufs Gymnasium angemeldet, weil sie der Meinung waren: Der Junge braucht später einen Beruf im Sitzen. Kurz vorher war das Schulgeld abgeschafft worden, so dass auch Kinder von Bergleuten und kleinen Gewerbetreibenden weiterführende Schulen besuchen konnten.

Nach einer Aufnahmeprüfung konnte ich deshalb das Gymnasium besuchen. Es war eine Zeit, in der ein normaler Arbeiter nicht davon geträumt hat, jemals ein Auto zu besitzen. In diese Zeit fiel auch das atomare Aufrüsten der Supermächte USA und Russland, der Bau der Mauer zwischen der DDR und Bundesrepublik und die Kuba-Krise. Der Kalte Krieg war voll entbrannt, so dass in meinem Abiturjahrgang 1971 die einhellige Meinung bestand: „In diese Welt kann man kein Kind setzen. Der 20-fache Overkill der Supermächte führt unweigerlich zum Atomkrieg." Kaum auszudenken, es wären seit 1971 keine Kinder geboren worden. Eine Welt ohne Menschen unter 53 Jahren. Rentenprobleme gäbe es nicht mehr, weil es keine Rentner mehr gäbe. Kindergärten, Schulen und Universitäten wären überflüssig. Eine Gesellschaft, die aus Angst vor dem Atomtod Selbstmord begangen hätte.

Nach dem Abitur nahm ich ein Studium der Rechtswissenschaften in Münster auf. Im 9.Semester nahm sich mein Vater im Alter von 46 Jahren aus Angst vor dem Tod durch einen Herzinfarkt das Leben. Meine Mutter war unversorgt. Ich gab das Studium auf und führte das Geschäft meines Vaters als 1 Mann-Betrieb fort. Das Beerdigungsinstitut lag am Boden, da ein Suizid zur damaligen Zeit geächtet war. Aber es gab auch noch den kleinen Kohlenhandel. Das Sortiment war überschaubar. Nusskohle, Anthrazit, Eierkohlen, Briketts und Koks. Ich erinnere mich an eine Begegnung mit zwei 14-jährigen Jugendlichen, als ich gerade schwarz von Kohlenstaub einen Sack mit Koks auf dem Rücken in einen Keller trug. Einer sagte zu dem anderen auf mich zeigend: „Guck mal, so kann man enden, wenn man in der Schule nichts lernt." Aber vielleicht bin ich auch ein Beispiel dafür, dass auch ein abgebrochener Student noch ein erfülltes Leben haben kann, wenn er das Glück hat, im „richtigen Leben" zu leben. In diese Zeit fiel die neue Ostpolitik von Willy Brandt. Aber der Kalte Krieg mit aberwitzigen atomaren Aufrüstungen ging unvermindert weiter. Jeder wusste, dass es Waffen gab, die tatsächlich die Zerstörungskraft hatten, um unsere Erde vollständig vernichten zu können. Die Entdeckung und Produktion von Atomwaffen in den vierziger Jahren des vergangenen Jahrhunderts hatte diese Voraussetzungen geschaffen. Zudem kam, dass diese Atombomben nicht nur per Flugzeug wie am Ende des Zweiten Weltkrieges über Hiroshima und Nagasaki abgeworfen werden konnten. Inzwischen war es möglich Raketen über Kontinente hinweg von jedem Ort der Welt aus Bunkern, Flugzeugen, von Schiffen und aus U-Booten mit Atomwaffen auf andere Länder zu richten. Und wenn es jetzt noch zwei Weltmächte mit diesem Arsenal an Waffen gab, und diese Weltmächte den Einsatz dieser Erd-vernichtungsfähigen Waffen nicht ausschließen, dann kann sich eine Situation wie in der Nacht vom 26.09.1983 ergeben, in der ein Mann zum Vernichter oder Retter unserer bekannten Welt werden kann.

Die Nacht vom 26.09.1983

Die Nachtschicht vom 26.091983 begann wie immer. Eigentlich hatte Stanislaw Petrow dienstfrei. Aber ein Kollege hatte sich krankgemeldet und Stanislaw Petrow sprang ein. Er war am

07.09.1939 geboren. 44 Jahre alt und im Range eines Oberstleutnants, obwohl er kein direkter Angehöriger des sowjetischen Militärs war.

1953 hatten ihn die Eltern, denen das Geld für die Ausbildung eines zweiten Sohnes fehlte, im Alter von 14 Jahren zur Ausbildung in die Obhut des Militärs gegeben. Dies lag nahe da der Vater selbst Militärpilot gewesen war. Bereits als Jugendlicher war Stanislaw Petrow fasziniert vom Weltraum. Dieses Interesse verließ ihn sein Leben lang nicht. Sogar im Alter von über 70 Jahren ließ ihn diese Faszination nicht los und er blickte täglich versonnen in den Luftraum über sich. Dieses Interesse müssen seine Ausbilder erkannt und gefördert haben, denn sie ermöglichten ihm eine Ausbildung in Ingenieurswissenschaften. Es traf sich, dass er bei der Entwicklung des sowjetischen Atomwaffenprogramms und den dazugehörenden Raketenträgern von Beginn an dabei war. Auch an der Entwicklung der Computerprogramme war er nicht nur beteiligt, sondern hatte sie auch wesentlich mitentworfen und die Handbücher dazu geschrieben. Er kannte alle Systeme in- und auswendig. Im Jahre 1983 arbeitete er als Chefanalytiker im russischen Raketenfrühwarnzentrum Serpuchow 15 und galt bei allen Offizieren und Vorgesetzten als anerkannte Autorität in seinem Arbeitsbereich. Der Sitz des russischen Raketenfrühwarnzentrums und das in der Nähe befindliche Zentrum für die Auslösung des atomaren Gegenschlags war strengstes Staatsgeheimnis. Sie befanden sich südlich von Moskau und waren auf keiner Landkarte eingezeichnet. Die Armeeangehörigen lebten mit ihren Familien samt Schulen, Kindergärten, ärztlicher Versorgung und Lebensmittelmärkten hermetisch abgeriegelt auf diesem Militärgelände mitten im Wald. Die Vorschriften der Geheimhaltung beinhalteten die Verpflichtung aller Militärangehörigen insbesondere der Offiziere zu strengstem Schweigen über ihre speziellen und konkreten Tätigkeiten und Aufgaben. Diese Verpflichtung hatten alle Beschäftigten unterschrieben, und die Verpflichtung galt zeitlich unbeschränkt. Auch gegenüber ihren Familienangehörigen galt dieses Verschwiegenheitsgebot. Bei Verstößen unterlagen sie der geheimen Militärgerichtsbarkeit, und es drohten drakonische Strafen, die auch die Todesstrafe in ernsten Fällen einschloss. Stanislaw Petrow verabschiedete sich am Abend des 26.09.1983 von seiner Frau und den zwei Kindern, um seine Arbeit als Leiter des Raketenfrühwarnzentrums aufzunehmen. Niemand in der Familie kannte sein genaues Aufgabengebiet. Und weder er noch seine Familie ahnten, wie sehr die kommende Nacht das Leben von Millionen Menschen gefährden und ihr Leben verändern würde. Der Beginn der Nachtschicht zum 27.09.1983 zeigte keine Besonderheiten. Eine Schicht, wie es sie seit Jahren ohne Besonderheiten gegeben hatte – immer durch Routinearbeiten geprägt. Ein striktes Protokoll regelte jeden Aufgabenbereich, jede Handlungsanweisung bis ins kleinste Detail. Stanislav Petrow befehligte ca. 200 Militärangehörige mit einer Vielzahl im Rang von Offizieren. Es war ruhig, und alle Systeme arbeiteten korrekt. Einige Tage vorher hatte es ein technisches Problem minderer Bedeutung gegeben. Es war schnell erkannt und umgehend behoben worden. Nichts deutete auf Störungen oder Probleme für die kommende Nacht hin. Plötzlich, um 00.15 Uhr, mitten in der Nacht, wie aus dem Nichts, der Schock. Sirenen schrillten. Das Computerbild zeigte in leuchtenden Farben „START"! Ein Schrecken ergriff alle. Der Alarm zeigte, dass die Amerikaner den Abschuss einer atomaren Rakete in Richtung Russland gestartet hatten. Der eigentlich nicht für möglich gehaltene Ernstfall war da. Die Amerikaner griffen an. Mit dem Ziel, die Sowjetunion zu vernichten. Petrow sah, was der Computer meldete. In Montana war eine Minuteman-Rakete gestartet worden. In weniger als 30 Minuten würde sie auf russischem Gebiet einschlagen. Petrow sah in die panisch erschrockenen Gesichter aller Mitarbeiter. Später beschrieb er, was er dachte, was er fühlte und wie er handelte. Er sah, dass die Mitarbeiter von ihren Stühlen aufgesprungen waren, herumliefen und sich verwirrt anstarrten. Nach Sekunden der Schreck Starre wurde er aktiv. Er griff zum Mikrofon und befahl in strengem Tonfall, ihre Positionen einzunehmen und ihre Arbeit weiterzuführen. Dann griff er zum Telefon und stellte die Verbindung zum Experten der Satelliten Überwachung her. Er fragte, ob die Bilder der Satelliten Überwachung den Start der Rakete bestätigen könnten. Die Information, die er erhielt, war nicht wirklich hilfreich. Eine Wolkenformation verhinderte den Blick auf die amerikanischen Raketensilos, so dass der Start der Rakete weder ausgeschlossen noch bestätigt werden konnte. Er dachte nach. Es gab keine Fakten. Aber in seiner langjährigen Ausbildung war er immer mehr unterrichtet worden, dass ein amerikanischer Angriff mit hoher

14

Wahrscheinlichkeit mit einer größeren Anzahl von Raketen erfolgen würde, um die Möglichkeiten des russischen Gegenschlages auszuschalten. Er erinnerte sich an das russische Sprichwort: „Niemand leert einen Wassereimer mit einem Teelöffel!" Gemäß dem Protokoll griff er zum Telefon und meldete „vermutlich Fehlalarm". Kaum, dass er den Telefonhörer aus der Hand gelegt hatte, schrillten die Sirenen erneut, und der Computer zeigte den Start einer zweiten Rakete mit der todbringenden Atomkraft an Bord an. Das Entsetzen wurde größer und erfasste alle Soldaten und Offiziere, die in dem Frühwarnzentrum arbeiteten. Stanislaw Petrow ließ sich davon nicht anstecken. Wieder forderte er im Befehlston alle auf, ihre Arbeitsposition nicht zu verlassen und ihre Arbeit fortzusetzen. Niemals hat er erklärt, dass er in diesem Augenblick an das gefährdete Leben seiner Frau und seiner Kinder gedacht hätte. Solche Emotionen ließ er nicht zu. Er konzentrierte sich voll auf seine Arbeiten, seine Funktion, seine Aufgabe. Abermals griff er zum Hörer, um das erneute Lagebild der Satelliten zu erfragen. Die Auskunft, die er erhielt, half ihm wieder nicht weiter. Das wolkenverhangene Gebiet ließ keine Erkenntnisse zu. Dann das Nerven zerreißende Geschehen. Die Sirenen schrillten und schrillten und schrillten. Die Computer meldeten den Abschuss einer dritten, vierten und fünften Rakete im Anflug auf die Sowjetunion. Nun erfasste auch Stanislaw Petrow ein Zweifel, ob die gemeldete Analyse „vermutlich Fehlalarm" den Tatsachen entsprach. Er wusste, dass es in den USA in den vergangenen Jahrzehnten insgesamt drei Fehlalarme gegeben hatte, die aber nach ein oder zwei Minuten als Fehlalarme erkannt werden konnten. In der UDSSR hatte es allerdings in derselben Zeit den vergangenen Jahrzehnten nicht einen einzigen Fehlalarm der Systeme gegeben. Aber er erkannte die selbst mitaufgebauten Systeme nur zu genau und hielt auch Fehlerquellen im System „OKO" nicht für gänzlich ausgeschlossen. Was tun? Was konnte oder sollte er tun? Ihm war wie allen Offizieren die angespannte Weltlage zur damaligen Zeit sehr präsent. Der „Kalte Krieg" war in eine heiße Phase getreten. Drei Wochen zuvor war eine Boeing des Korean Airlines Flug 007 auf dem Weg von Amerika nach Südkorea über dem offenen Meer von einem sowjetischen Jagdflugzeug abgeschossen worden. Das Passagierflugzeug war ohne Genehmigung weit in den russischen Luftraum eingedrungen. 269 Passagiere und Besatzungsmitglieder fanden den Tod. Darunter auch ein Kongressabgeordneter der USA. Zu glauben, die Entscheidung zum Abschuss dieses Verkehrsflugzeuges wäre ohne Zustimmung des damaligen Generalsekretärs der UDSSR, Juri Andropow, erfolgt, kann als unwahrscheinlich betrachtet werden. Niemand anderes dürfte es gewagt haben, die Entscheidungshoheit bei dieser Tragweite an sich zu reißen. Und Jri Andropow, der zu diesem Zeitpunkt auch das Amt des Staatspräsidenten der UDSSR innehatte, hätte die Entscheidungshoheit in dieser geopolitischen Lage nicht delegiert. Der damalige Präsident der USA, Ronald Reagan, bezeichnete den vorsätzlichen Abschuss des Flugzeuges als einen barbarischen Akt und ein Verbrechen gegen die Menschlichkeit, das niemals vergessen werden dürfe.

Bereits 6 Monate vorher hatte Reagan die Sowjetunion als „Reich des Bösen" bezeichnet. Mit diesen Worten und dem Abschuss des Zivilflugzeuges steuerte der „Kalte Krieg" auf einen Siedepunkt zu. Juri Andropow hatte allen Ernstes in internen Kreisen verkündet, dass er mit einem Überraschungsangriff „Barbarossa" (wie der damalige Überraschungsangriff Hitlers auf die UDSSR bezeichnet wurde) der Amerikaner auf die Sowjetunion rechne. Diese Befürchtungen Andropows waren auch Stanislaw Petrow bekannt. Und jetzt zeigten die Computer den Angriff amerikanischer Raketen an. Alle Augen waren auf Stanislaw Petrow gerichtet. Es musste eine Entscheidung getroffen werden. Und zwar in kürzester Zeit. Er dachte nach. Die erste Meldung eines Raketenangriffs hatte er als „vermutlich Fehlalarm" gemeldet. Jetzt, nach den im Minutenabstand unter Sirenenlärm gemeldeten vier weiteren Alarmmeldungen, war er unsicher geworden, ob seine Analyse „vermutlich Fehlalarm" richtig gewesen war. Die einhellige Ansicht, die er in jahrelangem Drill gelernt hatte: Ein amerikanischer Angriff würde mit einer Armada von Atomraketen beginnen, konnte falsch sein. Vielleicht waren zunächst 5 Raketen gestartet worden, um vorab einen Enthauptungsschlag vorzunehmen, d.h. die sowjetischen Kommandozentralen zu vernichten, um die Möglichkeit eines nuklearen Gegenschlags zu verhindern. Gemäß dem vorgegebenen Protokoll war er verpflichtet, die Computermeldungen weiterzugeben. Seine vorherige Analyse „vermutlich Fehlalarm" konnte er nicht weitergeben, da er davon nicht mehr gänzlich überzeugt war. Aber er war überzeugt, dass bei Meldung der angezeigten weiteren Starts von vier Raketen seine Meldung von niemandem mehr hinterfragt worden wäre und der manisch misstrauische Andropow den russischen Atomgegenschlag befohlen hätte. Es war bekannt, dass Juri Andropow – einer der Organisatoren der gegen Deutschland kämpfenden karelischen Partisanenbewegung – bereits einmal einen urplötzlichen Angriff über Nacht auf sein Land erlebt hatte. Nämlich, dass der „Hitler-Stalin-Pakt" oder wie der Vertrag im Russischen hieß „Molotow-Ribbentrop-Pakt" am 22.06.1941 von jetzt auf gleich gebrochen wurde, und der Überraschungsangriff von Hitler auf die Sowjetunion begann. Juri Andropow war früher langjähriger Chef des russischen Geheimdienstes KGB gewesen und rechnete tatsächlich mit einem bevorstehenden Angriff des Westens auf die Sowjetunion. Deshalb waren die russischen Geheimagenten beauftragt, die Fenster einschlägiger Behörden und Institutionen im Westen nach Einbruch der Dunkelheit zu beobachten und Tätigkeiten, die auf Überstunden hindeuteten, nach Moskau zu melden. So wollte man auf Vorbereitungen eines Angriffs gegen die Sowjetunion schließen. In dieser hoch nervösen Zeit der Kremlführung fand die Nacht vom 26.09.1983 statt. Stanislaw Petrow hat später seine Entscheidung, die Starts der weiteren Raketenangriffe nicht protokollgemäß weiterzugeben, als „fifty to fifty" - Entscheidung beschrieben. Entscheidend für ihn war, wie er es später einmal formulierte: „Ich wollte nicht für den Dritten Weltkrieg verantwortlich sein." Er kannte die russischen und auch die amerikanischen Analysen. Diese

Berechnungen erwarteten im ersten Schlag in den USA und in der UDSSR den Tod der halben Bevölkerung. Und mit der zweiten Welle den Tod der gesamten Bevölkerung in beiden Ländern. In Kürze wäre 1 Milliarde Menschen getötet worden. Und in der Folge hätte kein Mensch auf der Erde überleben können. Seine Gefühle in den nächsten Minuten beschrieb er wie folgt: „Ich fühlte mich wie auf dem Weg nach Golgatha." Ein Vergleich wie der Gründer des Christentums sich auf dem Weg zu seiner Hinrichtungsstätte auf dem Hügel Golgatha gefühlt haben musste. Vergleichbare Gefühle können nur Verurteilte haben, die bewusst erleben, wie sie kurz vor ihrer Exekution stehen. Nach Minuten, die einer gefühlten Ewigkeit entsprachen, die Erlösung. Die Radarsysteme, die den Anflug der Rakete eine Minute vor dem Aufschlag auf russischem Gebiet angezeigt hätte, zeigten keine anfliegende Rakete an. Der Angriff der Amerikaner mit Atomwaffen fand nicht statt. Die Erleichterung bei allen, die die letzten Minuten erlebt hatten, war grenzenlos. Sie hatten überlebt und wieder ein Leben vor sich. Jubel brach aus. Wieder war es Stanislaw Petrow, der das Chaos der Freude nicht zuließ und alle streng aufforderte, ihre Arbeitsplätze einzunehmen und ihre Arbeit protokollgemäß fortzusetzen. Gegen Ende dieser Nachtschicht, am frühen Morgen des 27.09.1983, suchte ihn der diensthabende Befehlshaber der operativen Abteilung auf. Der Mann, der bei einer anderen Entscheidung Petrows den Abschuss der russischen Atomraketen auf Amerika hätte auslösen müssen. Beide Männer waren überwältigt von den Geschehnissen der vergangenen Nacht und dem Glück, diese Nacht überlebt zu haben. Sie umarmten sich lange und leerten gemeinsam eine oder mehrere Flaschen Wodka. Die Nerven von Stanislaw Petrow waren derart strapaziert worden, dass er in der Folge in einen 28-stündigen Schlaf fiel.

KEINE EHRUNG KEINE ANERKENNUNG

Die folgenden Untersuchungen über die Ursachen für die falschen Computermeldungen führten zu keinen zweifelsfreien Ergebnissen. Am wahrscheinlichsten wurde angenommen, dass die Computer erste Strahlen der aufsteigenden Sonne während der sogenannten Tag-Nacht-Gleiche als Raketenstarts werteten. Stanislaw Petrow hatte den Dritten Weltkrieg verhindert. Dieser Meinung waren alle, die diese Nacht miterlebt hatten. Sie schätzten seinen Verdienst so hoch ein, dass sie glaubten, nun würden als Dank Straßen, Häuser oder Einrichtungen nach ihm benannt werden. Aber dieser Euphorie stand die Staatsräson im Wege. Die erwiesene Fehleranfälligkeit der sowjetischen Atomabwehrsysteme durfte der Öffentlichkeit und damit der eigenen Bevölkerung, und insbesondere dem Feind, nicht bekannt werden. So überrascht es nicht, dass das russische Militär und die russische Regierung bis heute nicht öffentlich zugeben, in welcher realen Gefahr ihre Bevölkerung in dieser Nacht war. Dies könnte im umgekehrten Fall auch das amerikanische Militär und die amerikanische Administration nicht öffentlich zugeben. Das Erschrecken in der Bevölkerung wäre zu groß und der Glaube, dass Atomwaffen Sicherheit bieten, wäre dahin. Lobbyisten der

Atomwaffenproduktion streuen auch gerne Zweifel daran, dass der Tod von Milliarden Menschen nahe war, ohne nachvollziehbare Fakten zu nennen. Das Schweigen aller, die Kenntnis von den Geschehnissen dieser Nacht hatten, war durch die Verschwiegenheitsverpflichtung gewährleistet. Aber wie mit dem Mann umgehen, der ein solches Ansehen und einen solchen Ruf wie Donnerhall im gesamten beteiligten Militärbereich gewonnen hatte. Eine Diskussion über die Verantwortung für die fehlerhaften Systeme musste verhindert werden. Ein Bauernopfer musste her. Ein hochnotpeinliches Verhör fand statt. Ein Verstoß gegen die Protokollvorschriften wurde Stanislaw Petrow vorgehalten. Er hätte jede Handlungsanweisung an die anderen Mitarbeiter schriftlich festhalten müssen. Stanislaw Petrow verteidigte sich mit den Worten „Dafür hätte ich eine dritte Hand gebraucht und die hatte ich nicht". Dem hatte der Verhörende nichts entgegenzusetzen, denn die Unterlassung einer objektiv unmöglichen Handlung konnte ihm nicht wirklich vorgeworfen werden. Dann wurde ihm der Vorschlag unterbreitet, in das Protokoll einige Ergänzungen aufzunehmen. Stanislaw Petrow erkannte die Gefahr, die in diesem vergifteten Ansinnen lag. Er lehnte eine nachträgliche Änderung des Protokolls mit den Worten ab: „Dies wäre eine Urkundenfälschung. Und gegen jede Protokollvorschrift. Das mache ich nicht." Als Folge blieb übrig, dass ein Verweis ohne rechtliche Wirkung in seine Personalakte aufgenommen wurde. Er wurde ohne Änderung seines Ranges oder seiner Bezüge in einen mehr administrativen Bereich versetzt. Er wurde unter Druck gesetzt. Heute würde man es als

Mobbing bezeichnen. Schließlich beantragte er, aus der Armee auszuscheiden. Fast 30 Jahre in der Armee, davon die meisten Jahre in Eliteeinheiten mit hohen Ordensauszeichnungen, waren an ihr Ende gekommen. So wurde dieser Mann auf elegante Weise kaltgestellt. Ohne Aussicht auf eine Beförderung oder einen weiteren Aufstieg seiner Karriere verbrachte er noch einige Jahre als Zivilist auf einem unbedeutenden Posten des industriellen militärischen Bereiches bis zu seinem Ausscheiden aus dem aktiven Berufsleben. Später hat Stanislaw Petrow den Umgang mit ihm auf drastische Art beschrieben: „Es gibt ein russisches Sprichwort das besagt " Der höher fliegende Vogel kackt dem unter ihm fliegendem Vogel auf den Kopf." Als Pensionär erhielt er eine Wohnung in Frjasino und pflegte seine an Krebs erkrankte Frau bis zu ihrem Tod. Und ich lebte zu dieser Zeit - wie auch heute noch- 300 bis 400 Meter Luftlinie entfernt von der ehemaligen Gute-Hoffnungshütte, einem der führenden Stahl- und Maschinenbaukonzerne Europas in Oberhausen-Sterkrade. Ich war mir sicher, dass im Ernstfall eine russische Atomrakete auf dieses Industriewerk gerichtet war. Eine Rakete auf den Kölner Dom oder die Lüneburger Heide zu werfen, macht ja auch weniger Sinn. Mein ganzes Leben stand im Zeichen des Kalten Krieges und ich stellte mir, wenn ich auf meinem Hof stand und nach oben in den Himmel blickte, immer vor, dass eine Rakete, im Falle eines Atomkrieges, die auf die Gute-Hoffnungshütte gerichtet war und sich um 200 Meter verirrt oder nicht treffsicher genug war, exakt über meinem Hof explodierte und ich für vielleicht eine halbe Sekunde den Atompilz sehen würde, Und dass jedes Leben für mich und meine Familie vernichtet würde. Ich gehörte zu einer Generation, die einen Atomkrieg für durchaus möglich hielt. Im Gegensatz zur Wiedervereinigung Deutschlands, die wir für das nächste Jahrhundert für ausgeschlossen hielten. Ähnlich wie die Möglichkeit, dass der Papst in Rom in absehbarer Zeit heiraten würde.

Der Bericht in der Bildzeitung

Für mich und Millionen anderer Bürger in Deutschland war die Zeit des Kalten Krieges prägend. Aber dass diesen Atomkrieg ein einzelner russischer Offizier verhindert hatte, davon wusste ich nichts. Zu meiner großen Überraschung las ich 1998 in einer großen Boulevardzeitung einen Artikel, das eben dies geschehen war. Der Bericht handelte von einem pensionierten Oberstleutnant namens Stanislaw Petrow, der nun unter prekären Verhältnissen lebte. Ich war wie vom Donner gerührt. Verwitwet, verarmt , traurig und einsam lebte dieser Mann, der durch seine Besonnenheit die Welt vor dem Untergang bewahrt hatte in einem Vorort Moskaus. Dies konnte ich nicht ertragen. Ich hatte den unbändigen Wusch, diesem Mann „Danke" zu sagen und zu sehen, was ich vielleicht für ihn tun könnte. Viele hielten diesen Zeitungsartikel für eine typische Zeitungsente. Mir waren in meinem Berufsleben allerdings mehrfach riesengroße Ungerechtigkeiten begegnet, so dass ich auch diese Ungerechtigkeit für möglich hielt. Ich nahm Kontakt mit der Boulevardzeitung auf und erfuhr, dass ihr Bericht eine Kurzfassung eines größeren Artikels in der Daily Mail war. Der Autor dieses Berichtes, Ian

Thomas, war der englische Moskau Korrespondent der Daily Mail. Er bezog sich auf einen russischen General, der im Militärblatt „Kommersant Vlast" zum ersten Mal öffentlich machte, dass ein gewisser Stanislaw Petrow seinerzeit eine Entscheidung gegen die Richtlinien getroffen hatte. Der Reporter Ian Thomas erfuhr die Adresse von Stanislaw Petrow und machte sich auf den Weg zu ihm, um mit ihm ein Interview zu führen. Stanislaw Petrow öffnete zwar die Tür und bestätigte, dass sein Name Stanislaw Petrow sei. Aber ein Vorfall am 26.09.1083 sei ihm unbekannt. Sicherlich handele es sich um eine Verwechselung. Dann schloss er die Türe. Stanislaw Petrow sah in dem Journalisten einen militärischen Geheimagenten, dessen Aufgabe es war zu überprüfen, ob er die Verschwiegenheitsverpflichtung weiter einhielt. Ähnlich verdächtige Besuche waren in unregelmäßigen Abständen in den letzten Jahren erfolgt. Er wusste um die Todesstrafe, die ihm drohte, wenn er seine Verschwiegenheit nicht einhielt. Aus diesem Grunde hatte er auch seiner Frau vorsorglich bis zu ihrem Tod nie etwas von der Nacht des 26.09.1983 erzählt. Der kluge Reporter hat dies wohl geahnt und ließ sich nicht abschütteln. Vermutlich befragte er Nachbarn in dem Wohnblock und erfuhr, dass Stanislaw Petrow tatsächlich den Rang eines Oberstleutnants hatte, seine Frau bis zu ihrem Tod durch Krebs liebevoll gepflegt hatte und nun allein von einer kleinen Rente lebte, die zu dieser Zeit auch nicht regelmäßig gezahlt wurde. Er wartete vor dem Haus bis Stanislaw Petrow einen Spaziergang machte, schoss ein Foto von ihm, ohne dass Stanislaw Petrow davon etwas bemerkte. Nun hatte Ian Thomas seine Geschichte und titelte in der Daily Mail: „How I stopped nuclear war and wrecked my life". Der Untertitel lautete: „Red Army man who kept calm and saved the world". Nur dieser Reporter konnte mir helfen, mich bei Stanislaw Petrow zu bedanken. Ich musste Kontakt mit ihm aufnehmen. Ich erinnere mich, dass ich zwei Wochen lang telefonierte. Mit Berlin, Hamburg, Moskau, Warschau, London und Manchester. Ich erreichte den Reporter. Er schickte mir seinen Artikel aus der Daily Mail und gab mir die Adresse von Stanislaw Petrow.

Stanislaw Petrow, 141195 Frjasino u.l. 60 let SSSR d.1 kv152
Ein Telefon besaß Stanislaw Petrow nicht. Mobiltelefone waren noch nicht verbreitet. Die Post in Russland war nicht verlässlich. Die Anmeldung eines Besuches war nicht möglich. Da ich wusste, dass mein Freund Helmut Höhn ein wenig Russisch konnte („für den Hausgebrauch" wie er immer betont) habe ich ihm meine Absicht mitgeteilt, Stanislaw Petrow in Moskau zu besuchen. Nach einigem Zögern stimmte mein Freund zu, mich zu begleiten. Ich überlegte, zu welcher Zeit ein alleinstehender Mann am ehesten in seiner Wohnung anzutreffen wäre. Der beste Zeitpunkt schien mir der Samstagvormittag zu sein. Und so entstand der Plan an einem Freitag nach Moskau zu fliegen, dort im Hotel zu übernachten und am Samstagmorgen mit einem Taxi nach Frjasino zu fahren. Und so flogen wir los. Dies hört sich jetzt vielleicht wild und teuer an. Aber ich meine mich zu erinnern, dass damals ein Flug mit Aeroflot nach Moskau ca.100 DM gekostet hat. Die ursprünglich geplante Flugroute war Düsseldorf-Wien-Moskau. Doch es kam anders.

NOTLANDUNG IN MÜNCHEN

Kurz nach dem Start in Düsseldorf sahen wir plötzlich eine Rauchentwicklung im vorderen Teil des Flugzeuges.

Der Kapitän meldete sich mit einer Nachricht aus dem Cockpit nach der Art: „Houston, wir haben ein Problem" und kündigte eine Notlandung an. Ich erinnere mich, dass ich in dieser Situation meinen Freund fragte: „Helmut, hast Du noch das VATER UNSER drauf? Mir bleibt das mulmige Gefühl unvergesslich, als wir von einer Reihe von Feuerwehrwagen rechts und links auf der Landebahn eskortiert wurden. Nach der glücklichen Landung wurden wir innerhalb von zwei Stunden auf einen Flug München – Moskau umgebucht.

In Moskau

Vor dem Hotel, in dem wir untergebracht waren, standen eine Reihe von Luxuslimousinen mit Fahrern, die die Wagen die ganze Nacht, durchlaufen ließen. Anderenfalls wären die Wagen wegen der Kälte nicht wieder angesprungen. Währenddessen feierten die Neureichen Russlands im Hotel ihre Lebensumstände. Am Samstagmorgen organisierte die Rezeption ein Taxi für uns. Nachdem der Fahrer uns den Preis für die Fahrt nach Frjasino (70 Kilometer einfache Fahrt) genannt hatte, haben wir ihm gesagt, dass er von uns einen Extrabonus erhalten würde, wenn er sehr vorsichtig fahren würde und er bereit sei, einige Stunden zu warten (wir wussten ja nicht, ob die Adresse stimmte, ob es Herrn Petrow wirklich gab, ob er zu Hause wäre und ob er uns empfangen würde) und uns dann auch wieder gesund zurückbringen würde. Ich werde die Antwort des Taxifahrers nie vergessen: „Für das Geld fahre ich Euch bis Hamburg."

In Frjasino

In dem großen Wohnungs-Komplex (zu Ehren des 60 Jahrestages der russischen Oktoberrevolution errichtet) angekommen, war es auch für den russischen Taxifahrer nicht leicht, die Adresse zu finden. Nach Befragen verschiedener Passanten und Herumfahren im Kreis standen wir dann vor dem Haus Nr.1. Und kurze Zeit später vor der Wohnung 152. Es gab kein Namensschild. Wir klopften an. Nach einiger Zeit als wir uns schon abwenden wollten öffnete sich die Tür. Ja. Es war tatsächlich Stanislaw Petrow. Der Mann, dessen Foto in der Bildzeitung veröffentlicht worden war. Stanislaw Petrow sah uns verblüfft mit einem fragenden Blick an. Ich fragte: „Are you Mr. Petrow?" Er nickte. Und dann sagte ich wohl die richtigen Worte: „My name is Karl Schumacher and this is Mr.Helmut Höhn. We come from Germany. We want only say thank you. Not more." Und wir zeigten ihm den Artikel in der Zeitung mit seinem Foto. Das Gesicht von Stanislaw Petrow hellte sich auf. Er war sichtlich überrascht. Mit diesem Besuch hatte er wohl an diesem Samstagvormittag nicht gerechnet. Diese beiden konnten keine Geheimagenten oder vermeintliche Journalisten sein.
Mit „Come in" bat er uns in seine kleine Küche und begann Kaffee zu kochen. Eine große beidseitige Sympathie und herzliche

Verbundenheit lag sofort in der kleinen Wohnung, die der russische Staat ehemaligen hochrangigen Armeeangehörigen als eine Art Eigentumswohnung zur Verfügung gestellt hatte. Die Wohnung war überhitzt, wie ich es als Kind immer bei meinen Großeltern erlebt hatte, obwohl bei der Außenkälte im November ein Loch im Küchenfenster mit einem Pappkartonboden abgedeckt war. Ein nahegelegenes Heizkraftwerk versorgte die Heizkörper, die keine Thermostate besaßen. Die Wohnungstemperatur wurde vermutlich mittels Fensteröffnung und Fensterschließung reguliert. Es folgte ein mehrstündiges Gespräch, und ich meine, dass wir überhaupt nicht über die Geschehnisse der Nacht vom 26.09.1983 gesprochen haben, als er im Sinne der Menschheit eine Entscheidung getroffen hatte. Vielmehr sprachen wir über die aktuellen Lebensumstände und Zeitumstände unter denen Stanislaw Petrow damals lebte Und die waren äußerst prekär. Er erhielt eine Rente von 1000 Rubel. Und wir hatten im Hotel 100 Rubel für eine Tasse Kaffee bezahlt. Wenige Jahre zuvor hatte er noch auf dem nahegelegenen Friedhof und in Parkanlagen Kräuter gesammelt. Diese Kräuter und wild gewachsene Weizenähren mit Wasser zu einer Suppe gerührt, um sich zu ernähren und am Leben zu bleiben. Während des Gespräches kam mir die Idee, es wäre doch schön, wenn es möglich wäre, dass Stanislaw Petrow nach Deutschland bzw. Oberhausen kommen könnte, um hier Schülern in der Schule zu erzählen, wie es damals war und ich ihm auch zeigen könnte, was alles durch seine Entscheidung nicht zerstört worden war: Kölner Dom, Venlo, Oberhausen und vieles mehr. Er erklärte seine grundsätzliche

Bereitschaft für einen Besuch. Und zu unserer Riesenüberraschung kannte er das Schengener Abkommen besser als wir. Aber er besaß keinen Pass und konnte Pass und Visa nur in Moskau beantragen. Es war auch ungewiss, ob er noch als Geheimnisträger galt und ausreisen durfte. Wir besprachen alle Formalitäten in Russland und Deutschland und statteten ihn mit den finanziellen Mitteln aus, die notwendig waren, damit er nach Oberhausen kommen konnte. Wir sagten ihm zu, alle erforderlichen Papiere in Deutschland zu besorgen, die für ein Visum erforderlich seien. Für notwendige Abstimmungen gab er uns die Telefonnummer eines Nachbarn. Bei der Verabschiedung waren wir optimistisch, dass es gelingen könnte und wir uns in Deutschland wiedersehen würden.

Wieder zu Hause

Planmäßig flogen wir am nächsten Tag (Sonntag) nach Hause. Am Montag rief mich Frau Stein vom Reisebüro Frenzel und Stein an und fragte, ob wir noch am Leben seien. Sie war besorgt, weil wir nach ihren Unterlagen zwar in Wien gelandet seien, aber den Weiterflug nach Moskau nicht genommen. hätten Für sie waren wir in Wien verschollen. Von der Notlandung und Umbuchung war ihr ja nichts bekannt. Ein Besuch beim Ausländeramt der Stadt Oberhausen bleibt mir in Erinnerung. Ich musste Kontoauszüge vorlegen, die belegten, dass ich finanziell in der Lage war, für den Aufenthalt des eingeladenen Bürgers Stanislaw Petrow aufzukommen. Und ich musste unterschreiben, dass ich im Krankheitsfall alle Behandlungskosten tragen würde. Und ich musste schriftlich versichern, dass ich im Todesfall des

Eingeladenen alle Beerdigungskosten übernehmen würde. Diese Unterlagen mussten der deutschen Botschaft in Moskau zur Visums Erteilung vorgelegt werden. Eine Bürokratie muss wohl so sein. Deutschland wusste schließlich nicht, wer da kommen würde. Der Papierkrieg nahm 6 Monate in Anspruch. Endlich im April 1999 landete Stanislaw Petrow auf dem Flughafen Düsseldorf. Die Begrüßung war so herzlich wie beim Abschied in Frjasino.

Stanislaw Petrow in Oberhausen

Ich denke, Stanislaw Petrow hat den zwei-wöchigen Aufenthalt in Deutschland genossen. Mein Wunsch erfüllte sich. Der Schulleiter des Sophie-Scholl-Gymnasiums, Dr. Laroche, ermöglichte es, dass Stanislaw Petrow an einer Schulstunde im Russisch Unterricht von Frau Jocks teilnahm und Fragen der Schüler und Schülerinnen beantwortete. Die Reaktion einer Schülerin, die am nächsten Tag in der Tageszeitung stand: „So habe ich mir einen russischen Militär nicht vorgestellt" berührt mich bis heute. Auch mein Wunsch ihm zu zeigen, was auf Grund seiner Entscheidung nicht in Schutt und Asche zerstört worden war, erfüllte sich. Wir besuchten den Kölner Dom, die Kleinstadt Venlo in den Niederlanden, den Rhein in Duisburg, "Eisenheim" die älteste Arbeitersiedlung Europas in OB-Osterfeld, eine Oldtimer Werkstatt, ein Gartencenter, den Movie-Park in Bottrop-Kirchhellen. Er begleitete mich zu meiner Bank, zum Zahnarzt, zum Optiker und zum Krankenbesuch in ein Krankenhaus. Er trug sich in das Goldene Buch der Stadt Oberhausen ein. Und er besuchte mit mir Fußballspiele bei denen meine Kinder, Nicole und Karl-Markus, als Schiedsrichter fungierten. Es war ihm eine Freude, den Anstoß zu einem Jugendfußballspiel in Bottrop vorzunehmen und er ließ es sich nicht nehmen sich im Moviepark Bottrop zusammen mit Jugendlichen von Fahrgeschäften in die Luft schleudern zu lassen. Ich denke, der Kontakt mit Jugendlichen hat ihm die größte Freude während seines Besuches gemacht. Wer gesehen hat, mit welchem Vergnügen er auf einen vollen Teller bei einem Restaurantbesuch mit meiner Familie geblickt hat, konnte erahnen, dass dieser Mann für längere Zeit unter Hunger gelitten hatte. Er gab verschiedene Interviews in Zeitungen und TV-Beiträgen im WDR, SAT1 und RTL. Dabei blieb er äußerst bescheiden und Boden stämmig. Hofiert zu werden war ihm unangenehm. Noch 17 Jahre nach seinem Besuch sagte er mir am Telefon, dass er immer gerne mit Vergnügen an meine Mutter denke. Sie wohnte oben in unserem Haus und hatte ihn Samstagmittag zur Erbsensuppe eingeladen. Ihre Worte vergaß er nicht: „Stanislaw, mein Sohn hat mir gesagt, dass Du die Welt gerettet hast. Das ist mir jetzt aber ganz egal. Setz Dich bitte hin, probiere meine Erbsensuppe und sag mir, ob sie Dir geschmeckt hat. "Als Stanislaw Petrow nach zwei Wochen wieder nach Hause flog, war die Verabschiedung sehr herzlich und wir versprachen in Kontakt zu bleiben. Dann hörte ich, dass aufgrund seines Besuches bei uns amerikanische Universitäten auf ihn aufmerksam geworden waren und planten, ihn in die USA einzuladen. Da wusste ich, dass sich mein Engagement für ihn gelohnt hatte. Dieser Eindruck verstärkte sich noch als ich einige Tage später die Bildzeitung anrief, um mich bei ihr zu bedanken, dass dieser Besuch Stanislaw Petrows erst durch deren Artikel möglich geworden war und die Reaktion war: „Wie? Diesen Kerl gibt es wirklich?"

Ehrungen in USA und Deutschland

In den folgenden Jahren erhielt Stanislaw Petrow einige Ehrungen. Im UNO-Gebäude in New York wurde ihm der World Citizen Award für Verdienste um die Menschheit verliehen. In seiner Rede vor dem erlauchten Publikum betonte er: „I am not a hero." aber er gestand zu, dass er „At the right time at the right place" gewesen sein könnte.

Ein Film beschädigt sein Ansehen

Nach seinem Besuch in Deutschland und den damit verbundenen Medienberichten wurde eine dänische Filmgesellschaft auf Stanislaw Petrow aufmerksam. Die Aufnahmen zu dem Film „The man who saved the world" zogen sich über 10 Jahre hin. Erst spät hatte er verstanden, dass er in ein Mediengeschäft geraten war, dessen Gesetze er nicht überblickte. Er begriff, dass er einen so empfundenen „Knebelungsvertrag" unterschrieben hatte, der ihm z.B. während der Herstellungszeit des Films z.B. Interviews oder Kontakte mit anderen Medien untersagte.
Auch hatte er sich kein Mitspracherecht über Einzelheiten der Endfassung des Films zusichern lassen. Er sah sich vertraglich

verpflichtet, als Schauspieler Szenen zu spielen und vorgegebene Texte, die das Drehbuch vorschrieb, zu sprechen. Er konnte nicht übersehen, in welchem Kontext und wie entstellend der Schnitt des fertigen Films ihn wahrheitswidrig darstellte. Ein zweites Mal war er in seiner Würde tief verletzt worden. Er sah sich den Film kein weiteres Mal an und lehnte es ab bei Premieren und öffentlichen Vorstellungen des Films aufgetreten. Verbittert fasste er sein Urteil über den Film zusammen: „Sie haben mich als Hooligan dargestellt. Und nichts ist falscher als das." Dies bestätigen alle, die Stanislaw Petrow persönlich kennengelernt haben. Sie beschrieben unisono Stanislaw Petrow als äußerst freundlichen, bescheidenen, zurückhaltenden, ruhigen und sympathischen Mann. In Mainz erhielt er den Deutschen Medienpreis. Die Laudatio hielt der ehemalige Bundespräsident Roman Herzog. In Dresden wurde er mit dem Dresdner Friedenspreis geehrt, den zwei Jahre vorher Michail Gorbatschow erhalten hatte. Die Laudatio hielt der bekannte Fernsehjournalist Claus Kleber. Die Journalistin Ingeborg Jacobs schrieb ein Buch „Stanislaw Petrow: Der Mann, der den Atomkrieg verhinderte ". Darauf hingewiesen, dass es Ideen gebe, ihn für den Friedensnobelpreis vorzuschlagen, winkte er ab und bat mich davon abzusehen: „DANN HABE ICH JA KEINE RUHIGE MINUTE MEHR." Der Tod Stanislaws Petrows und wie die Welt davon erfuhr. Am 7.September 2017 habe ich wie jedes Jahr Stanislaw Petrow angerufen, um ihm zum Geburtstag zu gratulieren. Ich erinnere diesen Anruf, als habe er gestern stattgefunden. Als auf der anderen Seite der Hörer abgenommen wurde, sprudelte ich los: „Happy birthday to you Stanislaw. Happy birthday to you. Stanislaw Karl speaking from germany." Dann die Schock Antwort: „Dmitrj speaking. Father dead. "Ich war geschockt. Stanislaw tot? Ich dachte, er sei erst kurz zuvor gestorben und fragte:" When is he died ? Dimitrj : „ Moment please" Er ging weg und ich wartete mehrere Minuten. Nach meinem Eindruck hatte er in Unterlagen gekramt, denn er fragte: "Schumacher?" Ich antwortete: „Yes Schumacher, Karl Germany". Die Verständigung war so schwierig, dass er mir den Todestag nicht nennen konnte. Ich bat ihn eine E-Mail zu schicken. Etwas später erhielt ich folgende Mail: „der gute Abend sehr geehrter Herr Schumacher. Ich bin der Sohn Stanislaws Petrows, Dmitrij der Vater am 19.Mai 2017 gestorben. Wie war das möglich? Wir hatten den 7.9. und Stanislaw Petrow war bereits am 19.Mai – also über 3,5 Monate vorher gestorben, ohne dass die Welt davon erfahren hatte. Stanislaw Petrow war in seiner Wohnung nach monatelangen Venenproblemen in den Beinen an einer Lungenentzündung gestorben. Ich schaltete eine Traueranzeige in der Tageszeitung und informierte per E-Mails alle bedeutenden Zeitungen, Magazine und Nachrichtenagenturen. Nichts passierte. Erst als der Journalist und Redakteur Michael Bresgott von der Westdeutschen Allgemeinen Zeitung einen Nachruf schrieb und kurze Zeit später die französische Nachrichtenagentur AFP aus Lettland sich durch ein Telefonat mit dem Sohn Dmitrij von der Richtigkeit der Meldung überzeugt hatte, ging die Meldung über den Tod von Stanislaw Petrow um die Welt. Die New York Times interviewte mich telefonisch, und die Washington Post veröffentlichte einen größeren Bericht. In der Folge berichteten Zeitungen in über 150 Ländern über den Tod des Mannes, der auch für die Menschen in ihren Ländern so viel getan hatte. Sogar in Hindi und in Kisuaheli. Ein Jahr später besuchte ich mit meinem Freund Helmut Höhn das Grab von Stanislaw Petrow in Begleitung seiner Kinder. Wir legten eine Grabplatte ab mit den Inschriften

DANKE SPASSIBA THANK YOU.

Die Inschrift auf seinem Grabstein lautet sinngemäß:

„Du hast so viel von Dir mitgenommen. Aber Du hast auch so viel von Dir hiergelassen. Bescheidener kann man die Hinterlassenschaft von Stanislaw Petrow nicht beschreiben. Es gibt keinen symbolträchtigeren Ort als sein Grab für eine Friedensvereinbarung falls sich die Supermächte eines Tages darauf verständigen könnten, die Gefahren zu verringern, die von Atomwaffen auch dann ausgehen, wenn nicht beabsichtigt ist sie einzusetzen. Solange es keine perfekten Menschen und keine perfekten Computerprogramme gibt und eine fehlerhafte Kommunikation zwischen Menschen und Computer nicht ausgeschlossen werden kann, bleibt das Risiko, dass sich eine Nacht wie die am 26.09.1983 wiederholt. Und damit bleibt die Gefahr bestehen, dass sich infolge eines Nuklear Desasters eines Tages die Erde ohne Menschen weiter um die Sonne dreht.

Die Tafeln in Oberhausen-Osterfeld

Im Hochsommer 2018 wurde ich darauf aufmerksam, dass an einem Weg im Park an der Vestischen Straße in Osterfeld ein Gartenprojekt für die Multi Aktion Oberhausen angelegt wurde. Genau an dem Weg, auf dem ich seinerzeit mit Stanislaw Petrow spazieren ging und er ein

TV -Interview gegeben hatte. Ich dachte, dies ist doch der richtige Platz für Erinnerungstafeln an Stanislaw Petrow. Verbunden mit zwei Parkbänken, auf denen sich Parkbesucher ausruhen und auch an der Multi Aktion erfreuen könnten. Ich stellte die geplanten Tafeln in der Bezirksversammlung Osterfeld vor, und alle Parteien -was selten vorkommt- unterstützten die Idee, und die Genehmigung wurde vom Bezirksbürgermeister Thomas Krey erteilt. Rechtzeitig zum 2. Jahrestag des Todes von Stanislaw Petrow am 19.5.2019 konnten die Tafeln in drei Sprachen, deutsch russisch und englisch, vor nahezu 200 interessierten Bürgern und Bürgerinnen der Öffentlichkeit vorgestellt werden. Zu dieser Veranstaltung hatte ich auch die Kinder Petrows eingeladen. Und so flogen der Sohn Dmitrij Petrow und seine Tochter Elena Veretenikowa mit ihrem Mann Victor Veretenikow aus Moskau nach Deutschland, um hier an der Einweihung der Tafeln teilzunehmen. In meiner Rede hob ich hervor, dass Stanislaw Petrow tatsächlich die Gesamtheit aller Menschen vor der Vernichtung bewahrt hatte. Genau genommen wären mit diesen Menschen auch alle kulturellen Errungenschaften und Erinnerungen an die Menschen, die jemals gelebt hatten, vernichtet worden. Nichts was ein Mensch jemals gedacht oder geschaffen hatte, wäre übriggeblieben. Kein Satz des Pythagoras, keine philosophische Idee, keine Religion, kein Buch, kein Kunstwerk der Malerei oder der Musik, kein architektonisches Bauwerk, kein Ergebnis seiner technischen Fähigkeiten hätten nach dem atomaren Weltkrieg davon Zeugnis geben können, dass es jemals Menschen auf der Erde gegeben hatte. Selbst die ägyptischen, aztekischen und Maja-Hieroglyphen wären eines Tages verwittert gewesen. Das Bild unserer Erde würde dem Bild des heutigen Mondes äußerst ähnlich sein. Inzwischen wurde eine zweite Tafel aufgestellt mit einem Gedicht meines Klassenkameraden aus der Grundschule, Eberhard Kirchhoff, über die Minuten der Entscheidung von Stanislaw Petrow. In den Schulen gibt es das Unterrichtsfach Geschichte, weil wir aus der Geschichte etwas lernen wollen. Daher gehört die Entscheidung Stanislaw Petrows in der Nacht am 26.09.1983 in jedes Geschichtsbuch. Je nach Sichtweise ist der Mensch auf diesem Planeten ein Versuch Gottes oder der Natur. Es ist Stanislaw Petrow zu verdanken, dass dieser Versuch weitergeht. Hoffentlich nicht nur auf weiteres.

Wie ich Michail Sergejewitsch Gorbatschow traf.

Am 20. August 2019 hatte ich die große Ehre, von Michail Sergejewitsch Gorbatschow in seiner Stiftung in Moskau empfangen zu werden. Der Kontakt kam durch zwei Männer zustande. Zum einen durch Dr. Leo Ensel, Konfliktforscher und interkultureller Trainer im Ost-Est-Kontakt und zum anderen durch Professor Ruslan Grinberg. Dr. Leo Ensel hatte durch mich von Stanislaw Petrow erfahren und ihn auch persönlich in Frjasino besucht. Er kannte von verschiedenen Treffen Herrn Professor Ruslan Grinberg einem bekannten russischen Ökonomen aus Moskau, Direktor des Wirtschaftsinstitutes der russischen Akademie der Wissenschaften, einem Freund und Wirtschaftsberater von Michail Gorbatschow, der solch freundschaftliche Kontakte mit Michail Gorbatschow hatte, dass er nach dessen Tod auch als Mitglied der Ehrengarde am Sarg Gorbatschows an der Trauerfeier für ihn teilnahm. Michail Gorbatschow wusste von meinem Besuch bei Stanislaw Petrow. dessen Aufenthalt im Ruhrgebiet und die Hilfen für ihn. Auch dass die Nachricht vom Tod Stanislaw Petrows rund um den Globus ging und in Oberhausen eine Tafel zur Erinnerung Stanislaw Petrows aufgestellt war, war ihm bekannt. So kam es zu der Einladung in seine Stiftung. An dem Treffen nahmen auch Dr. Leo Ensel und Prof. Ruslan Grinberg teil. Ich war total überrascht. Michail Gorbatschow strahlte eine sympathische Aura aus, die ich so noch nie kennengelernt hatte. Äußerst freundlich, entgegenkommend, einnehmend, empathisch und ohne jeden Anschein von Allüren oder Herausstellens seiner Person oder Bedeutung. Ich denke, es hat ihn gefreut, dass ich aus dem Ruhrgebiet kam, denn auch in späteren Büchern hat er beschrieben, wie sympathisch ihm die Stahlarbeiter von Hoesch in Dortmund anlässlich eines Deutschlandbesuches begegnet waren. Es war, als träfe man einen guten Freund oder Nachbarn, den man schon lange kennt, aber länger nicht gesehen hat. Mir wurde blitzartig bewusst, warum er nach dem Tod Konstantin Tschernenkos zum Generalsekretär der KPDSU gewählt worden war. Die Mitglieder des Politbüros hatten vor Michail Gorbatschow keine Angst. Auch im Konklave, in dem soeben noch gleichrangige Kardinäle einen der ihren zum Papst wählen und damit mit absoluter Macht über ihr Schicksal ausstatten, hat nur ein Kardinal eine Chance zum Papst gewählt zu werden, den die Mehrheit der wählenden Kardinäle nicht fürchtet. Mit großer Wahrscheinlichkeit leben die nächsten 8 Päpste bereits unter uns ohne zu wissen, dass sie je Papst werden. Es ist zu hoffen, dass einer von ihnen ein „Gorbatschow" ist, der grundlegende Veränderungen im römischen Katholizismus bewirken wird.

Um erfolgreich sein zu können, müsste er genug Zeit haben, die zweite Garde in Rom auf seine Linie einzuschwören. Über die Politik von Michail Gorbatschow Perestroika und Glasnost (Umgestaltung und Offenheit), die sein Land und Europa grundlegend geändert hat, sind bereits Bücher von kompetenteren Menschen als mir geschrieben worden. Auch seine Verdienste bzgl. der Abrüstungsverträge mit dem Präsidenten der USA, Ronald Reagan, die Welt bedrohenden Arsenale der Atomwaffen extrem zu verringern, sind weltweit bekannt. Gerade in Deutschland wird nie vergessen werden, dass es ohne ihn keine deutsche Wiedervereinigung gegeben hätte.

Meine persönliche Würdigung Michail Gorbatschows
Für mich besteht die größte Leistung Michail Gorbatschows darin, dass er ein ganzes philosophisches Gebäude (Marxismus /

Leninismus / Stalinismus / Maoismus) -tausende Professoren hatten diese „Wissenschaften" an den Universitäten gelehrt - zum Einsturz gebracht hat. Dazu bedurfte es wohl eines Bauernsohnes, der die Menschen und deren Lebensqualitäten nicht aus dem Blick verlor. In unserem Kulturkreis gibt es für historische politische Persönlichkeiten -alle Staatsoberhäupter in ihren Ländern mit großer Außenwirkung auf Nachbarländer – die Bezeichnung die oder der Große. Zum Beispiel: Ramses der Große, Karl der Große, Alexander der Große, Friedrich der Große, Peter der Große oder Katharina die Große. Alle diese „Großen" mögen geschichtlich gesehen ihre Verdienste haben, aber niemand dieser sogenannten Großen hat so vielen Millionen Menschen gleichzeitig Frieden, Freiheit und ein besseres Leben gebracht als Michail Sergejewitsch Gorbatschow. Deshalb reiht er sich nicht nur unter den Großen ein, sondern kann mit Recht als der Größte unter allen Großen bezeichnet werden. Dies mag allen, die ihn persönlich erlebt haben, gerade im unmittelbaren Umfeld zunächst einmal ein wenig irritierend erscheinen, weil ihnen im direkten Kontakt und Umgang die geschichtliche Einordnung seiner Bedeutung natürlich nicht immer präsent sein kann. Dies ging allen Zeitgenossen und Weggefährten der in der Geschichte genannten „Großen" auch nicht anders. Von allen Großen hebt er sich in wesentlicher Weise und auf dreifacher Art ab. Zum Ersten in seiner weltweiten Bedeutung. Dies ist unserer Zeit geschuldet. Der Aktionsradius war im Altertum und Mittelalter enger begrenzt. Zum Zweiten in der empathischen Grundhaltung seines Wesens. Eine solche Grundhaltung einem Ramses oder

Alexander zu unterstellen, würde die Geschichte wohl auf den Kopf stellen. Als Drittes ist die Tatsache seiner kurzen Wirkungszeit hier zu nennen. In nur sechs Jahren ist es ihm gelungen, sein positives Wirken zur weltweiten Geltung zu bringen.

Sicher wird die spätere Geschichtsschreibung diese Persönlichkeit in angemessener Weise würdigen. Ich betrachte es als großes Privileg, dass ich Michail S. Gorbatschow im August 2019 persönlich kennenlernen durfte und ihm später durch ein Geschenk eine Freude zum Ende seines Lebens bereiten konnte. Ich hatte erfahren, dass er als Dialysepatient in Coronazeiten im Krankenhaus lag und er persönlichen Kontakte weder zu seinen Mitarbeitern in der Stiftung noch zu seinen Familienmitgliedern mehr haben durfte. Ich hatte in seiner Autobiografie und anderen Biografien gelesen, dass er als junger Mann gemeinsam mit seinem Vater im Ernteeinsatz die größten Mengen an Getreide in der gesamten UDSSR eingefahren hatte. Sein Vater erhielt daher von Stalin den „Leninorden", der allerdings nur ein Mal verliehen werden durfte. Um beide Gorbatschows gleich zu behandeln stiftete Stalin für den jungen Gorbatschow den Orden des „Roten Banners". Ich kaufte einen Miniaturmähdrescher und schickte diesen per Post an die Gorbatschow-Stiftung mit der Bitte, dieses Geschenk an Michail S. Gorbatschow weiterzuleiten. Später erfuhr ich, dass ihn dieses Geschenk sehr glücklich gemacht hatte. Es erinnerte ihn an seine Jugend und ließ ihn für den Augenblick seine Krankheiten, seine Politik und sein nachträgliches Leben für einige Stunden vergessen. Er konnte wieder lachen.

Russlands Patrioten

Neben ihrer weltgeschichtlichen Bedeutung und ihren Leistungen zur Abwendung eines Atomkrieges zwischen den USA und Russland haben Stanislaw Petrow und Michail Gorbatschow eine weitere Gemeinsamkeit. Beide konnten sich nicht vorstellen dauerhaft nicht in Russland zu leben. Beide wollten in Russland sterben und in Russland begraben werden. Sie wollten die Wurzeln zu ihrem Volk auch über den Tod hinaus behalten. Auch aus diesem Grund sind Stanislaw Petrow und Michail Gorbatschow große Patrioten Russlands.

Nuclear weapons, nationalism and self-worth

The two men Stanislav Petrov and Mikhail Gorbachev knew full well the dangers of using nuclear weapons. Professionally, they had to deal very intensively with nuclear weapons.These weapons were not used in the wars in Korea, Vietnam, Afghanistan or Kashmir, as they were intended as retaliatory weapons against a nuclear attack. Whoever is the first to use these weapons exposes themselves and their people to incalculable and, in the long term, hardly controllable consequential damage. During his two-week stay in Germany, Stanislav Petrov described to me the military command structures and chains of command of nuclear defence, up to the final code releases. The use of nuclear weapons is also a contradiction from a military point of view. For one thing, no military in the world seeks its own destruction and in military law there is the right to refuse orders that are blatantly unlawful. During my five or six visits to Russia, I have met a large number of people whom I have found to be extremely likeable, without exception. No one has ever asked me about the crimes committed by Hitler's armies in Russia or even held me morally responsible as a German descendant. No one knows better than we Germans what misery, misfortune, suffering and death the spirit of nationalism has brought upon our people and other peoples. Only when this spirit of nationalism was overcome could Germany's positive forces concentrate fully on economic development. The result was great prosperity for all of Germany's citizens and continues to justify our great standing in the world community to this day. Such a development of prosperity is also possible for all citizens of Russia because of the size of the country, the diverse natural resources and the qualified education of the population. Russia's prestige and self-worth as a great power in the world community would also increase as a result. This self-worth – not essentially based on the possession of huge arsenals of nuclear weapons – would relate to the individual achievements of the people and would thus have immeasurable value for the future. China, too, bases its current position as a world power not essentially on its status as a nuclear power but on the successes of its economic development. I am sure that Stanislav Petrov and Mikhail Gorbachev, like all rationally thinking and acting people, would have considered the first use of nuclear weapons to be an insane act. I am so sure because I have met these two men personally.

Stanislav Jewgrafowitsch Petrov and
Mikhail Sergeyevich Gorbachev

How I met these two men and thanked them.

It was not sung to me in the cradle that I would one day meet men of such global historical importance. Born in Oberhausen in Germany's Ruhr region in March 1951 to very young parents. The rubble of the Second World War had been removed. As a result of the many destroyed houses and the numerous refugees, there was a great housing shortage. And anyone that did have a flat, heated it with coal. The outhouse behind the houses was used day and night – even in winter – because there was not yet any connection to the public sewage system. The children were washed in a zinc tub on Saturdays. I was born into this world with a severe disability – comparable to polio, which was rampant at the time. It took ten operations to save me from a life in a wheelchair. Due to illness, I didn't start school until I was seven, and my mother carried me to school for months after an operation. My parents only enrolled me in grammar school after primary school because they thought that I would need a job which I could do while sitting. School fees had been abolished shortly beforehand, so that children of miners and small tradesmen could also attend secondary schools. After an entrance examination, I was therefore able to attend the grammar school. It was a time when a normal worker never dreamed of ever owning a car. This period also saw the nuclear armament of the superpowers USA and Russia, the construction of the wall between the GDR and the Federal Republic of Germany and the Cuban Missile Crisis. The Cold War was in full swing, so the unanimous opinion in my senior high school class of 1971 was that it would be crazy to bring a child into this world. They said that nuclear war was inevitable, with the superpowers ready to kill each other twenty times over. It would be hard to imagine if no children were to have been born since 1971. A world without people under 53 years of age. Pension problems would no longer exist because there would be no pensioners. Preschools, schools and universities would be superfluous. A society that would have committed suicide for fear of nuclear death. After graduating from high school, I began studying law in Münster. In the 9th semester, my father took his own life at the age of 46 out of fear of death from a heart attack. There was no one to provide for my mother. I gave up my studies and continued my father's business as a one-man operation. The funeral home was going through tough times because suicide was greatly disapproved of at the time. But there was also the small coal business. The range was small. Chestnut coal, anthracite, egg coal, briquettes and coke. I remember an encounter with two 14-year-old youths when I was carrying a sack of coke on my back into a cellar, black from coal dust. One pointed at me and said to the other one, "Look, this is how you can end up if you don't learn anything at school." But maybe I am also an example that even a university drop-out can still have a fulfilled life if he is lucky enough to live in "real life". Willy Brandt's *new Ostpolitik*, his new eastern policy, fell into this period. But the Cold War and the insane nuclear arms race continued unabated. Everyone knew that there were weapons that actually had the destructive power to be able to completely destroy our earth. The discovery and production of nuclear weapons in the 1940s had created these conditions. What's more, it was not only possible to drop these atomic bombs by plane like on Hiroshima and Nagasaki at the end of the Second World War. It had since become possible to fire missiles at other countries across entire continents from bunkers, aircraft, ships and nuclear-armed submarines, from anywhere in the world. And if there were now two superpowers with this arsenal of weapons, and these superpowers did not rule out the use of these earth-destroying weapons, then a situation could arise in which one man could become the destroyer or the saviour of our known world – as it did on the night of 26 September 1983.

The night of 26 September 1983
The night shift of 26 September 1983 began as usual. Stanislav Petrov should have actually been off duty. But a colleague had called in sick and Stanislav Petrov stepped in. He was born on 07 September 1939. He was 44 years old and held the rank of lieutenant colonel, although he was not a direct member of the Soviet military. In 1953, his parents, who lacked the money to educate a second son, had placed him in the care of the military for training at the age of 14. This was the obvious choice as the

father had been a military pilot himself. Stanislav Petrov had held a fascination of space since his teenage years. This interest never left him as long as he lived. Even at the age of over 70, this fascination did not let him go, and he gazed pensively into the sky above him every day. His instructors must have recognised and encouraged this interest, because they enabled him to study engineering. It was fitting that he was involved in the development of the Soviet nuclear weapons programme and the necessary missile launchers from the very beginning. He was also not only involved in the development of the computer programmes, but also played a major role in designing them and writing the manuals for them. He knew all the systems inside out. In 1983, he worked as chief analyst at the Russian missile attack early warning centre Serpukhov-15 and was regarded by all officers and superiors as a recognised authority in his field of work. The location of the Russian missile attack early warning centre and the nearby nuclear counter-strike launch centre was a top state secret. They were located south of Moscow and were not marked on any map. The members of the army lived with their families and had schools, kindergartens, medical care and food stores, hermetically sealed off on this military site in the middle of the forest. The rules of secrecy included the obligation of all military personnel, especially officers, to maintain the strictest silence about their specific activities and duties. All workers had signed this commitment and the commitment was unlimited in time. This confidentiality obligation also applied to their family members. In the event of violations, they were subject to secret military jurisdiction and faced draconian punishments, including the death penalty in serious cases.

Stanislav Petrov said goodbye to his wife and two children on the evening of 26 September 1983 to start work as head of the missile attack early warning centre. No one in the family knew his exact area of responsibility. And neither he nor his family had any idea how much the coming night would endanger the lives of millions and change their lives. The start of the night shift on 27 September 1983 was like any other. A shift like there had been for years without anything out of the ordinary – always characterised by routine work. A strict protocol regulated every area of responsibility, every instruction for action, down to the smallest detail. Stanislav Petrov commanded about 200 military personnel with a large number of officers. It was quiet and all systems were working correctly. A few days earlier there had been a technical problem of minor importance. It was quickly recognised and immediately remedied. Nothing indicated any disturbances or problems for the coming night. Suddenly, at 00:15, in the middle of the night, out of nowhere, came the shock. Sirens wailed. The computer screen displayed the word "START" in bright colours! Everyone was gripped by terror. The alarm showed that the Americans had launched a nuclear missile towards Russia. The emergency that was actually not thought possible was here. The Americans were attacking. With the aim of destroying the Soviet Union. Petrov saw what the computer reported. A Minuteman missile had been launched in Montana. In less than 30 minutes it would hit Russian soil. Petrov looked at the panic-stricken faces of all the staff. Later he described what he thought, what he felt and how he acted. He saw that the staff had jumped up from their chairs, were walking around and staring at each other in confusion. After seconds of shock rigidity, he took action. He grabbed the microphone and in a stern tone ordered them to take their positions and continue their work. Then he picked up the phone and got the satellite surveillance expert on the line. He asked if the satellite surveillance images could confirm the launch of the rocket. The information he received was not really helpful. A cloud formation was blocking the view of the American missile silos, so that the launch of the missile could neither be ruled out nor confirmed. He gave himself a second to think. There were no facts. But in his years of training, he had been taught more and more that an American attack was very likely to involve a larger number of missiles in order to eliminate the possibilities of Russian counter-attack. He remembered the Russian proverb: "Nobody empties a bucket of water with a teaspoon!" In accordance with protocol, he picked up the phone and reported "probably false alarm". No sooner had he put down the phone than the sirens wailed again and the computer indicated the launch of a second missile with a deadly nuclear payload. The horror grew and gripped all the soldiers and officers who worked in the early warning centre. Stanislav Petrov did not let this influence him. Again, in a commanding tone, he asked everyone not to leave their working stations and to continue their work. He never stated that he had thought of the lives of his wife and children being at risk at that moment. He did not allow such emotions. He concentrated fully on his work, his function, his duty. Once again he picked up the phone to ask for another satellite image. The information he received again did not help him. The clouds were blocking the field of view. Then the nerve-racking event. The sirens wailed and wailed and wailed. The computers reported the launch of a third, fourth and fifth missile on approach to the Soviet Union. Now a doubt also gripped Stanislav Petrov as to whether his report of "probably false alarm" was indeed accurate. He knew that there had been a total of three false alarms in the USA in the past decades, but that they could be recognised as false alarms after a minute or two. In the USSR, however, there had not been a single false alarm of the systems in the same period over the past decades. But he was only too aware of the systems he had helped to set up and did not consider sources of error in the "OKO" system to be impossible. What to do? What could or should he do? Like all the officers, he was very aware of the tense global situation at that time. The Cold War had been heating up. Three weeks earlier, a Korean Airlines Flight 007 Boeing en route from America to South Korea had been shot down over the open sea by a Soviet fighter. The passenger aircraft had penetrated deep into Russian airspace without authorisation. Two hundred and sixty-nine passengers and crew members were killed. Among them was a United States representative. To believe that the decision to shoot down this airliner would have been made without the approval of the then General Secretary of the USSR, Yuri

Andropov, can be considered unlikely. No one else would have dared to usurp the decision-making authority at this level of criticality. And Yuri Andropov, who at that time also held the office of President of the USSR, would not have delegated decision-making authority in this geopolitical situation. The then President of the USA, Ronald Reagan, described the deliberate shooting down of the plane as a barbaric act and a crime against humanity that should never be forgotten. Already six months earlier, Reagan had termed the Soviet Union an "evil empire". With these words and the shooting down of the civilian aircraft, the Cold War was about to reach boiling point. Yuri Andropov had announced in all seriousness in internal circles that he expected a surprise attack "Barbarossa" (as Hitler's surprise attack on the USSR was called at the time) by the Americans on the Soviet Union. These fears of Andropov were also known to Stanislav Petrov. And now the computers showed an American missile attack. All eyes were on Stanislav Petrov. A decision had to be made. And in the shortest possible time. He gave himself another second to think. He had dismissed the first report of a missile attack as "probably false alarm". Now, after the four more alarms reported at minute intervals, with sirens wailing, he had become unsure whether his analysis of "probably false alarm" had been correct. The unanimous view that had been drilled into him over years, that an American attack would start with an armada of nuclear missiles, could be wrong. Perhaps five missiles had initially been launched to carry out a decapitation strike in advance, i.e. to destroy the Soviet command centres in order to prevent the possibility of a nuclear counter-attack. According to the protocol in place, he was obligated to pass on the computer messages. He could not pass on his previous analysis "probably false alarm", as he was no longer entirely convinced of this. But he was convinced that if he had reported the indicated further launches of four missiles, his report would not have been questioned by anyone and the manically suspicious Andropov would have ordered the Russian nuclear counter-attack. It was known that Yuri Andropov – one of the organisers of the Karelian partisan movement fighting against Germany – had already experienced a sudden overnight attack on his country. Namely, the "Hitler–Stalin Pact" or, as the treaty was called in Russian, the "Molotov–Ribbentrop Pact", was broken from one moment to the next on 22 June 1941, and Hitler's surprise attack on the Soviet Union began. Yuri Andropov had previously been the head of the Russian secret service KGB for many years and actually expected an imminent attack by the West on the Soviet Union. Therefore, Russian secret agents were tasked with watching the windows of relevant authorities and institutions in the West after dark and reporting activities that indicated overtime to Moscow. The aim was to look for signs that preparations were underway for an attack on the Soviet Union. It was against this backdrop of extreme nervousness in the Kremlin's leadership that the night of 26 September 1983 took place. Stanislav Petrov later described his decision to break protocol and not declare the launches of the further missiles as a "fifty–fifty" decision. The decisive factor for him was, as he later put it: "I didn't want to be responsible for World War III." He knew the Russian and also the American analyses. These calculations expected the death of half the population in the first strike in the USA and the USSR. And with the second wave, the death of the entire population in both countries. Before long, one billion people would have been killed. And the aftermath would mean that no human being could have survived on earth. He described his feelings in the next few minutes as follows: "I felt like I was on the way to Golgotha." A reference to how the founder of Christianity must have felt on the way to his place of crucifixion on Golgotha hill. Comparable feelings can only be felt by prisoners who know that they are about to be executed. After minutes that felt like an eternity, redemption was delivered. The radar systems, which would have indicated the approach of the missile one minute before impact on Russian territory, did not show any approaching missile. The American attack with nuclear weapons did not take place. The relief among all who had experienced the previous minutes was boundless. They had survived and had a life ahead of them again. Cheers broke out. Again it was Stanislav Petrov who did not allow the chaos of joy and sternly ordered everyone to take their places and continue their work according to protocol. Towards the end of this night shift, in the early morning of 27 September 1983, the on-duty commander of operations came to see him. This was the man who would have been responsible for initiating the launch of Russian nuclear missiles at America if Petrov had made a different decision. Both men were overwhelmed by the events of the previous night and the luck of having survived that night. They hugged each other for a long time and emptied one or more bottles of vodka together. Stanislav Petrov's nerves had been so strained that he subsequently fell into a 28-hour sleep.

NO HONOUR, NO RECOGNITION

The following investigations into the causes of the false computer messages did not lead to any clear results. The most likely assumption was that the computers interpreted the first rays of the rising sun during the so-called equinox as rocket launches. Stanislav Petrov had prevented the Third World War. This was the opinion of all who had witnessed that night. They valued what he had done so highly that they believed that now, in gratitude, streets, houses or institutions would be named after him. But reasons of state stood in the way of this euphoria. The Soviet nuclear defence systems' proven susceptibility to failure was not allowed to become known to the public and thus to its own population, and especially to the enemy. So it is not surprising that the Russian military and government to this day do not publicly admit the real danger their people were in that night. In the opposite case, the American military and the American administration could not admit this publicly either. The fear amongst the population would be too great and the belief that nuclear weapons offer security would be gone. Advocates for nuclear weapons production also like to cast doubt on the fact that the deaths of billions of people were close at hand, without providing any facts supporting their logic. The silence of all who had knowledge of what happened that night was guaranteed by the obligation of secrecy. But how to deal with the man who had gained such prestige and reputation amongst all military members involved? A discussion about the responsibility for the faulty systems had to be prevented. A scapegoat was required. A highly embarrassing interrogation took place. A breach of protocol was held against Stanislav Petrov. He should have written down every instruction to the other employees. Stanislav Petrov defended himself by saying, "I would have needed a third hand for that and I didn't have one." The interrogator had nothing to counter this, because he could not really be accused of not performing an objectively impossible act. The proposal was then made to him to make some additions to the minutes. Stanislav Petrov recognised the danger that lay in this poisonous request. He rejected the idea of subsequently altering the minutes, saying, "This would be a forgery of documents. And a breach of every protocol requirement. I won't do that." As a result, a reprimand without legal effect was placed in his personal file. He was transferred to a more administrative area without any change in his rank or pay. He was put under pressure. Today it would be called bullying. Finally, he applied to resign from the army. Almost 30 years in the army, most of them spent in elite units and decorated with high medals and awards, had come to an end. This is how this man was elegantly neutralised. With no prospect of promotion or further advancement in his career, he spent a few more years as a civilian in an insignificant industrial military post until his retirement. Later, Stanislav Petrov described the treatment he had received in a drastic way: "There is a Russian proverb that says, "The bird flying higher shits on the head of the bird flying below it." As a pensioner, he was given a flat in Fryazino and cared for his wife, who had cancer, until her death. And at that time I lived – as I still do today – 300 to 400 metres as the crow flies from the former Gutehoffnungshütte steel and iron works, one of Europe's leading steel and machine building companies located in Oberhausen-Sterkrade. I was sure that, if it came to it, a Russian nuclear missile was going to be aimed at this industrial plant. Throwing a missile at Cologne Cathedral or the Lüneburg Heath would make less strategic sense, after all. My whole life was dominated by the Cold War and I always imagined, when I stood in my yard and looked up at the sky, that in the event of a nuclear war, a missile aimed at the Gutehoffnungshütte steel works might stray 200 metres off target and explode right over my yard. I imaged that I would see the mushroom cloud for maybe half a second before the lives of me and my family would be destroyed forever. I belonged to a generation that thought nuclear war was quite possible. Unlike the reunification of Germany, which we thought was out of the question for the next century. Similar to the possibility that the Pope would marry in Rome in the foreseeable future.

The report in the Bild newspaper
For me and millions of other citizens in Germany, the Cold War period was formative. But I knew nothing about the fact that a

single Russian officer had prevented this nuclear war. To my great surprise, I read an article in a major tabloid newspaper in 1998 that this had happened. The report was about a retired lieutenant colonel named Stanislav Petrov who was now living in precarious conditions. I was thunderstruck. Widowed, impoverished, sad and lonely, this man who had saved the world from ruin by his prudence lived in a suburb of Moscow. I could not bear this. I had an irrepressible desire to say "thank you" to this man and to see what I might be able to do for him. Many thought this newspaper article was a typical newspaper hoax. However, I had encountered huge injustices several times in my professional life, so I thought this injustice was also possible. I contacted the tabloid and learned that their report was an abridged version of a larger article in the Daily Mail. The author of this report, Ian Thomas, was the English Moscow correspondent of the Daily Mail. He was referring to a Russian general who made public for the first time in the military journal *Kommersant Vlast* that a certain Stanislav Petrov had made a decision in breach of the guidelines at the time. The reporter Ian Thomas learned Stanislav Petrov's address and set out to interview him. Stanislav Petrov did open the door and confirmed that his name was Stanislav Petrov. But he did not know anything about an incident on 26 September 1983. He said it was certainly a case of mistaken identity. Then he closed the door. Stanislav Petrov saw the journalist as a military secret agent whose job it was to check whether he continued to observe the obligation of secrecy. Similar suspicious visits had occurred at irregular intervals over the past few years. He was well aware he would be facing the death penalty if he did not stay quiet. For this reason, as a precaution, he had never told his wife anything about the night of 26 September 1983 right up until her death. The clever reporter must have sensed this and refused to be shaken off. Presumably he questioned neighbours in the apartment block and learned that Stanislav Petrov actually held the rank of lieutenant colonel, had lovingly cared for his wife until her death from cancer, and now lived alone on a small pension, which at that time was also not paid regularly. He waited outside the house until Stanislav Petrov went for a walk and took a photo of him without Stanislav Petrov noticing. Now Ian Thomas had his story and headlined in the Daily Mail: "How I stopped nuclear war and wrecked my life" The subtitle read: "Red Army man who kept calm and saved the world" Only this reporter could help me thank Stanislav Petrov. I had to get in touch with him. I remember I was on the phone for a fortnight. With Berlin, Hamburg, Moscow, Warsaw, London and Manchester. I reached the reporter. He sent me his article from the Daily Mail and gave me Stanislav Petrov's address.

Stanislav Petrov, 141195 Frjasino u.l. 60 let SSSR d.1 kv152
Stanislav Petrov did not own a telephone. Mobile phones were not yet widespread. The post in Russia was not reliable. It was not possible to arrange a visit. Since I knew that my friend Helmut Höhn knew a little Russian ("for home use" as he always emphasised), I told him of my intention to visit Stanislav Petrov

in Moscow. After some hesitation, my friend agreed to accompany me. I thought about what time of day a widowed man living alone would most likely be at home. The best time seemed to be Saturday morning. And so the plan was to fly to Moscow on a Friday, spend the night in a hotel there and take a taxi to Fryazino on Saturday morning. And so off we flew. This may sound wild and expensive now. But I seem to remember that at that time a flight with Aeroflot to Moscow cost about 100 German mark. The originally planned flight route was Düsseldorf to Moscow, with a stopover in Vienna. But things turned out differently.

EMERGENCY LANDING IN MUNICH

Shortly after take-off in Düsseldorf, we suddenly saw smoke developing in the front part of the aircraft. The captain made an announcement from the cockpit along the lines of, "Houston, we have a problem", and said they would make an emergency landing. I remember that in this situation I asked my friend, "Helmut, can you remember the Lord's Prayer?" I will never forget the queasy feeling as we were escorted by a line of fire engines on both sides of the runway. After the happy landing, we were rebooked onto a Moscow bound flight within two hours.

In Moscow

In front of the hotel where we were staying, there was a row of luxury limousines with drivers who kept the cars running all night. Otherwise, the cars would not have started again because of the cold. Meanwhile, the new rich of Russia celebrated their wealth at the hotel. On Saturday morning, the reception organised a taxi for us. After the driver had told us the price for the trip to Fryazino (70 kilometres one way), we told him that he would receive an extra bonus from us if he drove very carefully and if he was prepared to wait a few hours (we did not know whether the address was correct, whether Mr Petrov really existed, whether he would be at home and whether he would receive us) and then also bring us back in good health. I will never forget the taxi driver's answer: "For that money, I'll drive you all the way to Hamburg."

In Fryazino

Arriving at the large apartment complex (built in honour of the 60th anniversary of the Russian October Revolution), it was not easy even for the Russian taxi driver to find the address. After asking various passers-by and driving around in circles, we then stood in front of house no. 1. And a short time later in front of flat 152. There was no nameplate. We knocked. After some time, as we were about to turn away, the door opened. Yes. It was indeed Stanislav Petrov. The man whose photo had been published in the Bild newspaper. Stanislav Petrov looked at us puzzled with a questioning look. I asked: "Are you Mr Petrov?" He nodded. And then I guess I said the right words: "My name is Karl Schumacher and this is Mr Helmut Höhn. We come from Germany. We only want to say thank you. Not more." And we showed him the article in the newspaper with his photo. Stanislav Petrov's face brightened. He was visibly surprised. He had probably not expected this visit on that Saturday morning. These two could not be secret agents or supposed journalists. With the words "come in" he asked us into his small kitchen and started to make coffee. A sense of great mutual liking and warm solidarity could immediately be felt in the small flat, which the Russian state had made available to former high-ranking army personnel as a kind of freehold flat. The flat was overheated, as I had always experienced at my grandparents' house as a child, even though a hole in the kitchen window was covered with the base of a cardboard box despite the cold November air outside. A nearby heating plant supplied the radiators, which had no thermostats. The flat temperature was presumably regulated by means of opening and closing the window. A conversation of several hours followed, and if I remember correctly we did not talk at all about what had happened on the night of 26 September 1983, when he had made a decision for the sake of all humanity. Instead, we talked about the current living conditions and circumstances under which Stanislav Petrov lived at that time, and they were extremely precarious. He received a pension of 1000 roubles a month. And we had paid 100 roubles for a cup of coffee at the hotel. A few years earlier, he had collected herbs from the nearby cemetery and parks. He mixed these herbs and wild wheat ears with water to make a soup to feed himself and stay alive. During the conversation, I had the idea that it would be nice if Stanislav Petrov could come to Germany, or Oberhausen in particular, to tell school children what about the Cold War years and I could also show him everything that had not been destroyed thanks to his decision: Cologne Cathedral, Venlo, Oberhausen and much more. He said that he was, in principle, willing to come for a visit. And to our great surprise he knew the Schengen Agreement better than we did. But he did not have a passport and could only apply for a passport and visa in Moscow. It was also uncertain whether he was still considered to be a person entrusted with confidential information and allowed to leave the country. We discussed all the formalities in Russia and Germany and provided him with the financial means necessary for him to come to Oberhausen. We promised him to get all the necessary papers in Germany that were required for a visa. He gave us the telephone number of a neighbour for any necessary coordination. When we said goodbye, we were optimistic that it could succeed and that we would meet again in Germany.

Home again

As planned, we flew home the next day (Sunday). On Monday, Mrs Stein from the Frenzel und Stein travel agency called me and asked if we were still alive. She was worried because, according to her records, we had landed in Vienna but had not made the onward flight to Moscow As far as she could tell, we had vanished in Vienna. She was not aware of the emergency landing and rebooking. A visit to the City of Oberhausen Aliens Office has stayed in my mind. I had to present bank statements proving that I was financially able to pay for the stay of the invited citizen Stanislav Petrov. And I had to sign that I would pay all treatment costs in case of illness. And I had to assure in writing that I would pay all funeral expenses if he died. These documents had to be presented to the German embassy in Moscow for the visa to be issued. I suppose all this bureaucracy was necessary. After all, Germany did not know who was coming. The paperwork took six months. Finally, in April 1999, Stanislav Petrov landed at Düsseldorf airport. The welcome was as warm as when as our farewell when we left Fryazino.

Stanislav Petrov in Oberhausen

I think Stanislav Petrov enjoyed his two-week stay in Germany. My wish came true. The headmaster of the Sophie-Scholl Gymnasium grammar school, Dr Laroche, made it possible for Stanislav Petrov to take part in a lesson in Mrs Jocks' Russian class and answer questions from the students. The reaction of one pupil, which was in the daily newspaper the next day, "This is not how I imagined the Russian military" still touches me to this day. My wish to show him what had not been reduced to rubble because of his decision was also fulfilled. We visited Cologne Cathedral, the small town of Venlo in the Netherlands, the Rhine in Duisburg, "Eisenheim", the oldest workers' housing estate in Europe in Oberhausen-Osterfeld, a vintage car workshop, a garden centre, the Movie Park in Bottrop-Kirchhellen. He accompanied me to my bank, to the dentist, to the optician and to visit someone in hospital. He signed the Golden Book of the City of Oberhausen. And he visited football matches with me where my children, Nicole and Karl-Markus, acted as referees. It was a pleasure for him to kick off a youth football match in Bottrop and he didn't miss the opportunity to be hurled into the air by rides at Movie Park Bottrop together with all the kids. I think the contact with young people gave him the greatest pleasure during his visit. Anyone who saw the pleasure with which he looked at a full plate during a visit to a restaurant with my family could guess that this man had suffered from hunger for a long time. He gave various interviews in newspapers and TV features on WDR, SAT1 and RTL. At the same time, he remained extremely modest and down to earth. Being flattered made him uncomfortable. Even 17 years after his visit, he told me on the phone that he always had fond memories of my mother. She lived upstairs in our house and had invited him for pea soup for lunch on Saturday. He did not forget her words: "Stanislav, my son told me that you saved the world. But I don't really care about that now. Please sit down, taste my pea soup and tell me if you liked it." When Stanislav Petrov flew home again after two weeks, the farewell was very warm and we promised to stay in touch. Then I heard that because of his visit to Germany, American universities had become aware of him and were planning to invite him to the USA. I knew then that my commitment to him had paid off. This impression was reinforced when I called the Bild newspaper a few days later to thank them that this visit by Stanislav Petrov had only been made possible by their article and their reaction was, "Wait, this guy really exists?" Honours in the USA and Germany. In the following years, Stanislav Petrov received several honours. He was awarded the World Citizen Award for services to humanity in the UN building in New York. In his speech to the illustrious audience, he stressed, "I am not a hero", but he conceded that he might have been "At the right time at the right place".

A film damages his reputation

After his visit to Germany and the associated media reports, Stanislav Petrov came to the attention of a Danish film company. The filming of the movie *The Man Who Saved the World* took over 10 years. It was only too late that he realised that he had gone into business with a media company whose laws he did not understand. He understood that he had signed what he perceived to be a "gagging contract" that forbade him, for example, from giving interviews or having contact with other media during the production period of the film. He did not negotiate any say over the details of the final version of the film either. He saw himself contractually obliged to act out scenes as an actor and to speak given texts prescribed by the script. He could not fail to notice the context and the distorting way in which the editing of the finished film portrayed him untruthfully. For a second time, his dignity had been deeply violated. He did not watch the film again and refused to attend premières and public screenings of the film. Bitterly, he summed up his verdict on the film: "They portrayed me as a hooligan. And nothing is more wrong than that." This is confirmed by all those who have met Stanislav Petrov personally. They unanimously described Stanislav Petrov as an extremely friendly, modest, reserved, quiet and likeable man. He received the German Media Award in Mainz. The laudatory speech was delivered by former Federal President of Germany

Roman Herzog. In Dresden, he was honoured with the Dresden Peace Prize, which Mikhail Gorbachev had received two years earlier. The laudatory speech was delivered by the well-known television journalist Claus Kleber. The journalist Ingeborg Jacobs wrote a book entitled "Stanislav Petrov: The man who prevented nuclear war". When told that there were ideas to nominate him for the Nobel Peace Prize, he waved them off and asked me not to do it: "Then I won't have a moment's peace." The death of Stanislav Petrov and how the world learned about it. On 7 September 2017, like every year, I called Stanislav Petrov to wish him a happy birthday. I remember this call as if it took place yesterday. When the receiver was picked up on the other side, I sputtered out, "Happy birthday to you Stanislav. Happy birthday to you. Stanislav, Karl speaking from Germany." Then the shocking answer: "Dmitrij speaking. Father dead." I was shocked. Stanislav dead? I thought he had died only a short time before and asked: "When did he die? Dmitri said, "Moment please." He walked away and I waited for several minutes. My impression was that he had been rummaging through documents, because he asked, "Schumacher?" I replied, "Yes, Schumacher, Karl, Germany." The communication was so difficult that he could not tell me the date of death. I asked him to send an e-mail. A little later I received the following e-mail: "Good evening dear Mr Schumacher. I am Stanislav Petrov's son, Dmitrij. Father died on 19 May 2017." How was that possible? It was 7 September and Stanislav Petrov had died on 19 May – more than three and a half months earlier – without the world knowing about it. Stanislav Petrov had died of pneumonia in his flat after months of vein problems in his legs. I placed an obituary in the daily newspaper and informed all major newspapers, magazines and news agencies by e-mail. Nothing happened. It was not until the journalist and editor Michael Bresgott from the *Westdeutsche Allgemeine Zeitung* wrote an obituary and a short time later the French news agency AFP from Latvia had convinced itself of the accuracy of the report through a telephone conversation with the son Dmitri, that the news of Stanislav Petrov's death went around the world. The New York Times interviewed me by phone and the Washington Post published a major report. Subsequently, newspapers in over 150 countries reported the death of the man who had done so much for for people everywhere, including in their countries. Articles were eve written in Hindi and in Swahili. A year later, I visited Stanislav Petrov's grave with my friend Helmut Höhn, accompanied by his children. We laid a grave marker with the inscription

DANKE SPASSIBA THANK YOU.

Translated, the inscription on his gravestone reads:

"You have taken so much of yourself with you. But you have also left so much of yourself here." The legacy of Stanislav Petrov cannot be described more modestly. There is no more symbolic place than his grave for a peace agreement if the superpowers could one day agree to reduce the dangers posed by nuclear weapons even when they are not intended to be used. As long as

there are no perfect humans and no perfect computer programmes and faulty communication between humans and computers
cannot be ruled out, the risk remains that a night like the one on
26 September 1983 could be repeated. And so the danger
remains that, as a result of a nuclear disaster, the earth might one
day continue to revolve around the sun without humans.

The plaques in Oberhausen-Osterfeld
At the height of summer in 2018, it came to my attention that a
garden project for Oberhausen's MULTI youth project had been
planted along a path in the park on Vestische Straße in Osterfeld.
This was exactly the path where I had once walked with Stanislav Petrov and he gave a TV interview. I thought this would be
the perfect place for commemorative plaques about Stanislav
Petrov, as well as two park benches where park visitors could
rest and also enjoy the MULTI garden project. I presented the
idea of the plaques to the district assembly of Osterfeld and all
parties – which is rare – supported the idea. Permission was
granted by the district mayor Thomas Krey. Just in time for the
2nd anniversary of Stanislav Petrov's death on 19 May 2019, the
plaques, which are in three languages, German, Russian and
English, were unveiled in front of almost 200 interested members of the public. I had also invited the children of Petrov to this
event. As such, his son Dmitrij Petrov and his daughter Elena
Veretenikova, together with with her husband Victor Vereteni-
kov, flew from Moscow to Germany to take part in the unveiling
of the plaques here. In my speech, I emphasised that Stanislav

Petrov had indeed saved the totality of all people from annihilation. Strictly speaking, all cultural achievements and memories of all the people that ever lived would also have been destroyed with them. Nothing that a human being had ever thought or created would have remained. After the nuclear world war, no Pythagorean theorem, no philosophical idea, no religion, no book, no work of art in painting or music, no architectural structure, no result of man's technical skills could have testified to the fact that there had ever been humans on earth. Even the Egyptian, Aztec and Mayan hieroglyphs would have weathered away one day. The image of our Earth would be extremely similar to the image of today's Moon. Meanwhile, a second plaque was put up with a poem by my classmate from primary school, Eberhard Kirchhoff, about the minutes surrounding Stanislav Petrov's decision. History is taught in schools because we want to learn something from history. Therefore, Stanislav Petrov's decision on the night of 26 September 1983 belongs in every history book. Depending on how you look at it, human beings on this planet are either an experiment made by God or by nature. It is thanks to Stanislav Petrov that this experiment continues. Hopefully not just for the time being.

How I met Mikhail Sergeyevich Gorbachev.
On 20 August 2019, I had the great honour of being received by Mikhail Sergeyevich Gorbachev at his foundation in Moscow. The contact came about through two men. On the one hand by Dr Leo Ensel, conflict researcher and intercultural trainer in

East–West contact, and on the other by Professor Ruslan Grinberg. Dr Leo Ensel had heard about Stanislav Petrov through me and also visited him personally in Fryazino. He knew Professor Ruslan Grinberg from various meetings, a well-known Russian economist from Moscow, Director of the Institute of Economics of the Russian Academy of Sciences and a friend and economic advisor of Mikhail Gorbachev. He was so close with Mikhail Gorbachev that, after Gorbachev' death, he attended the funeral service as a member of the guard of honour at his coffin. Mikhail Gorbachev knew about my visit to Stanislav Petrov, his stay in the Ruhr area and the aid he received. He was also aware that the news of Stanislav Petrov's death went around the globe and that a plaque had been erected in Oberhausen in Stanislav Petrov's memory. This is how the invitation to his foundation came about. Dr Leo Ensel and Professor Ruslan Grinberg also took part in the meeting. I was completely surprised. Mikhail Gorbachev radiated a sympathetic aura that I had never encountered before. Extremely friendly, accommodating, engaging, empathetic and without any air of superiority or emphasis on his person or importance. I think he was pleased that I came from the Ruhr area, because in later books he also described how sympathetic he had been to the steelworkers of Hoesch in Dortmund when he had visited Germany. It was like meeting a good friend or neighbour you've known for a long time but haven't seen for a while. I realised in an instant why he had been elected General Secretary of the Communist Party of the Soviet Union after the death of Konstantin Chernenko. The members of the politburo

71

were not afraid of Mikhail Gorbachev. Even in the papal conclave, where cardinals of equal rank are just now electing one of their number as pope and thus endowing him with absolute power over their fate, only a cardinal whom the majority of the electing cardinals do not fear has a chance of being elected pope. In all probability, the next eight popes are already living among us without knowing that they will ever become pope. It is to be hoped that one of them will be a "Gorbachev" who will bring about fundamental changes in Roman Catholicism. To be successful, he would have to have enough time to get the new guard in Rome to toe his line. On the topic of Mikhail Gorbachev's policies of Perestroika and Glasnost (transformation and openness), which fundamentally changed his country and Europe, books have already been written by more competent people than me. What he achieved regarding the disarmament treaties with the President of the United States, Ronald Reagan, to extremely reduce the arsenals of nuclear weapons threatening the world, are also known worldwide. Especially in Germany, it will never be forgotten that without him there would have been no German reunification.

My personal appreciation of Mikhail Gorbachev
For me, Mikhail Gorbachev's greatest achievement is that he brought down a whole philosophical edifice (Marxism/Leninism/Stalinism/Maoism), which were taught at universities as "sciences" by thousands of professors. This probably required a

farmer's son who did not lose sight of the people and their quality of life. In our culture, some historical political figures – all heads of state in their countries with a great external impact on neighbouring countries – are called the Great. Examples include Ramesses the Great, Charlemagne (or Charles the Great), Alexander the Great, Frederick the Great, Peter the Great and Catherine the Great. All these "greats" may have their merits historically, but none of them brought peace, freedom and a better life to as many millions of people as Mikhail Sergeyevich Gorbachev. That is why he not only ranks among the greats, but can rightly be called the greatest among all the greats. This may at first seem a little irritating to all those who have experienced him personally, especially in the immediate environment, because in direct contact and interaction the historical classification of his significance cannot of course always be present to them. This was no different for all contemporaries and companions of the "greats" mentioned in history. Fundamentally, he stands out from all the greats in three ways. Firstly, in his global significance. This is the time in which we live. The radius of action was more narrowly limited in antiquity and the Middle Ages. Secondly, in the basic empathic attitude of his being. To impute such an attitude to Ramesses or Alexander would probably turn history upside down. Thirdly, there is the fact of his short period of activity. In just six years, he succeeded in making a positive influence on the entire planet. Later history will certainly pay appropriate tribute to this individual. I consider it a great privilege that I was able to meet Mikhail S. Gorbachev in person in

August 2019 and later to give him a gift to bring him joy at the end of his life. I had learned that he was hospitalised as a dialysis patient in the times of COVID-19 and that he was no longer allowed to have personal contact with either his co-workers at the Foundation or his family members. I had read in his autobiography and other biographies that as a young man, together with his father, he had harvested the largest quantities of grain in the entire USSR. For this service, his father received the "Order of Lenin" from Stalin, which, however, could only be awarded to a single person. In order to treat both Gorbachevs equally, Stalin presented the "Order of the Red Banner" to the young Gorbachev. I bought a miniature combine harvester and sent it by post to the Gorbachev Foundation with the request to forward this gift to Mikhail S. Gorbachev. I later learned that this gift had made him very happy. It reminded him of his youth and made him forget for his illnesses, his politics and his later life for a few hours. He could laugh again.

Russia's patriots

In addition to their significance for the history of the world and their achievements in averting a nuclear war between the USA and Russia, Stanislav Petrov and Mikhail Gorbachev have something else in common.

Neither of them could imagine not living in Russia permanently. Both wanted to die in Russia and be buried in Russia. They wanted to keep the roots to their people even beyond death. This is another reason why Stanislav Petrov and Mikhail Gorbachev are great patriots of Russia.

Ядерное оружие, национализм
и чувство собственного достоинства

Эти двое мужчин, Станислав Петров и Михаил Горбачев очень хорошо знали об опасности применения ядерного оружия. По работе им приходилось очень интенсивно заниматься ядерным оружием. Это оружие не применялось в войнах в Корее, Вьетнаме, Афганистане или Кашмире, так как по своему назначению оно было задумано как ответное оружие при ядерном нападении. Тот, кто первый применит такое оружие, подвергнет свой народ непредвиденным и долгосрочным,   практически   неконтролируемым негативным последствиям. Во время своего двухнедельного пребывания в Германии Станислав Петров рассказал мне о военной   командной   иерархии   и   последовательности ядерной обороны, вплоть до финального разрешения на введение шифра. Применение ядерного оружия не имеет смысла и с военной точки зрения. Во-первых, ни одна армия мира не состоит из самоубийц, а, во-вторых, даже в военном праве есть возможность отказаться от выполнения приказов, являющихся очевидно противозаконными. За те пять или шесть раз, которые я был в России, я познакомился со множеством людей, которые без исключения мне были симпатичны. Никто из них не заговаривал со мной о преступлениях гитлеровской армии в России и не возлагал на меня моральную ответственность как на потомка тех немцев. Никто лучше нас, немцев, не знает, какие несчастья, страдания, невзгоды и смерть принес дух национализма нашему и другим народам. Лишь когда этот дух национализма был преодолен, положительные силы Германии смогли полностью сконцентрироваться на экономическом развитии. Результатом стало большое благосостояние для всех граждан Германии, которое до сих пор является фундаментом нашего авторитета в международном сообществе. Такой рост благосостояния с учетом размера страны, многочисленных полезных ископаемых и высокого уровня образования у населения возможен и для всех граждан России. И с этим связаны дальнейшие авторитет и чувство собственного достоинства России как великой державы в мировом сообществе.

Это чувство собственного достоинства основывалось бы, в первую очередь, не на огромных арсеналах ядерного оружия, а на собственных достижениях и тем самым имело бы неизмеримую ценность для будущего. Так и Китай держит на сегодняшний день свои позиции в качестве великой державы не из-за статуса ядерной державы, а благодаря своим успехам в экономическом развитии. Я уверен, что Станислав Петров и Михаил Горбачев, как и все разумно мыслящие и действующие люди, посчитали бы тех, кто первым применит ядерное оружие, не в себе. Я уверен в этом, потому что знал их обоих лично.

Станислав Евграфович Петров и
Михаил Сергеевич Горбачев

Как я встретил и отблагодарил этих двух мужчин

Кто бы мог подумать, что мне будет предначертано судьбой познакомиться с такими выдающимися историческими личностями. Я родился в 1951 г. в Оберхаузене в Рурской области у очень молодых родителей. Уже были убраны груды обломков после Второй Мировой войны. Из-за множества разрушенных домов и многочисленных беженцев царила нехватка жилья. А у кого все же была квартира, тот отапливал ее с помощью угля. Так как городская канализация не работала, все бегали в сортир за домами – днем и ночью и даже зимой. Детей по субботам купали в цинковых ваннах. И вот в такое время родился я – с тяжелым увечьем, схожим по своей тяжести с распространенным в то время полиомиелитом. Мне пришлось пройти через десять операций, чтобы не остаться на всю жизнь в инвалидной коляске. Из-за болезни я пошел в школу лишь в семь лет, и после одной из операций мама таскала меня несколько месяцев в школу на руках. После начальной школы родители записали меня в гимназию лишь по одной причине: мальчик должен в будущем работать сидя. Незадолго до того как раз отменили плату за обучение, и теперь продолжать учиться могли дети горняков или мелких предпринимателей. Поэтому сдав вступительные экзамены, я смог посещать гимназию. Это были времена, когла простой рабочий даже мечтать не мог о машине. На это время пришлись ядерная гонка вооружений между сверхдержавами США и Россией, строительство немецкой стены между ГДР и ФРГ и Кубинский кризис. Холодная война была в самом разгаре, поэтому не удивительно, что в мой выпускной 1971 год повсеместно царило мнение: «В такой мир нельзя рожать детей. 20-кратная разрушительная сила сверхдержав неизбежно приведет к ядерной войне.» Даже страшно представить, что бы было, если бы после 1971 года не родилось бы больше ни одного ребенка. Мир без людей моложе 53 лет. Проблем с пенсиями бы тоже не было, так как не было бы пенсионеров. Детские сады, школы и университеты больше не понадобились бы. Общество, которое бы совершило самоубийство из-за страха ядерной войны. По окончании школы я поступил на юридический факультет Мюнстерского университета. Когда я был на девятом семестре, мой отец из-за страха смерти от инфаркта покончил с собой в возрасте 46 лет. Моя мать осталась без средств к существованию. Я бросил учебу и стал вести дело отца. Похоронное бюро было на грани банкротства, так как к самоубийцам в то время относились с презрением. Но была еще мелкая угольная лавка. Ее ассортимент был ограниченным. Кусковый уголь, антрацит, брикеты прямоугольной и овальной формы и кокс. Я помню встречу с двумя 14-летними подростками, как раз когда я, черный от угольной копоти, нес на спине мешок с коксом в подвал. Один сказал другому, указывая на меня: «Вот посмотри, как можно кончить, если плохо учиться.»

Но может моя жизнь как раз является примером того, что студент-недоучка может жить полноценной жизнью, если ему повезет жить в «правильной жизни». На это время пришлась Новая восточная политика Вилли Брандта. При этом безумная холодная война с ее ядерным вооружением шла полным ходом вперед. Любой знал, что существует оружие огромной разрушительной силы, способное полностью уничтожить нашу землю. Открытие и производство атомного оружия в сороковые годы прошлого века создало эти предпосылки. Кроме того, стало возможным не только сбрасывать их с помощью авиации, как это было сделано в конце Второй Мировой войны на Хиросиму и Нагасаки. Теперь стало возможным запускать ракеты через континенты из любой точки мира, из бункеров, самолетов, с кораблей и подводных лодок, начиненных ядерным оружием, и направлять их на другие страны. А если еще есть две супердержавы с таким ядерным арсеналом, и эти супердержавы не исключают применение такого земле-уничтожающего оружия, то может возникнуть такая ситуация, как в ночь 26.09.1983 года, когда одному человеку приходится принять решение – стать спасителем или уничтожить существующий мир.

Ночь 26.09.1983 года

Ночная смена 26.09.1983 года ни чем не отличалась от

других. Вообще-то у Станислава Петрова был выходной. Но заболел коллега, и Станислав Петров подменил его. Он родился 07.09.1939 года. На тот момент ему было 44 года и он имел звание подполковника, хотя и не служил напрямую в вооруженных силах СССР. В 1953 году его родители, у которых не было денег на обучение для второго сына, в возрасте 14 лет отправили его в военный интернат. Это было естественным, так как его отец сам был военным пилотом. Уже в юности Станислав Петров увлекался космосом. И этот интерес сопровождал его всю жизнь. Даже уже в возрасте 70 лет он все еще ежедневно смотрел с восхищением на небо. Этот интерес, судя по всему, отметили его преподаватели и поощряли его, так как ему дали возможность выучиться на инженера. Получилось, что он с самого начала принимал участие в разработке советской программы ядерного вооружения и соответствующих ракетоносцев. Также он не просто принимал участие в разработке компьютерных программ, но и действительно создавал их и писал руководства по их применению.

Он знал все системы досконально. В 1983 году он работал главным аналитиком в Российском центре раннего предупреждения о ракетном нападении Серпухов-15 и пользовался авторитетом в своей области у офицеров и начальников. Местонахождение Российского центра раннего предупреждения о ракетном нападении и находящегося неподалеку центра запуска ответного ядерного удара являлось строгой государственной тайной. Они находились на юге от Москвы и не были отмечены ни на одной карте. Военнослужащие жили со своими семьями с детскими садами, школами, медициной и магазинами изолировано на военной территории посреди леса. Требования соблюдения секретности включали в себя обязательство для всех военнослужащих, а особенно офицеров, строго хранить молчание о своих особенных и конкретных работе и задачах. Это обязательство подписывали все служащие, и оно действовало неограниченно. Даже по отношению к членам семьи необходимо было соблюдать секретность. Нарушения карались тайным военным судом, за них грозило крайне строгое наказание, вплоть до смертной казни в серьезных случаях. Вечером 26.09.1983 г. Станислав Петров попрощался со своей женой и двумя детьми и пошел на работу, где он был руководителем Центра раннего предупреждения о ракетном нападении. В его семье никто точно не знал, чем он занимается. И уж точно ни он, ни его семья не могли предположить, насколько ближайшая ночь подвергнет опасности и изменит жизни миллионов людей. Ночная смена 27.09.1983 г. началась как обычно. Такая же смена как и все другие в предыдущие годы – без особых проишествий. Строгий протокол регулировал каждую область задач, каждое действие вплоть до мельчайших деталей. Под руководством Станислава Петрова находилось около 200 военнослужащих, в большинстве своем в звании офицера. Все было спокойно, все системы работали исправно. За несколько дней до того возникла небольшая техническая проблема. Ее быстро выявили и оперативно устранили. Ничто не предвещало сбоев или проблем в предстоящую ночь. И вдруг посреди ночи в 00:15 как из ниоткуда — шок. Завыли сирены. На компьютерном экране ярким светом высветилось «СТАРТ»! Всех охватил ужас. Сигнал тревоги указывал на то, что американцы начали запуск ядерной ракеты в сторону России. Тот самый считавшийся невозможным случай наступил. Американцы начали нападение. С целью уничтожения Советского Союза. Петров видел сообщение на компьютере. В Монтане запустили ракету «Минетмен». Менее чем за 30 минут она ударит по российской территории. Петров видел перед собой панику на лицах сотрудников. Позднее он описал, что он думал и чувствовал и что делал в тот момент. Он видел, что сотрудники вскочили со своих стульев, кружили по помещению и растерянно смотрели друг на друга. После секудного шока он начал действовать. Он взял микрофон и велел строгим тоном всем занять свои места и продолжить работать. Потом он взял телефон и связался с экспертом по спутниковому наблюдению. Он спросил, подтверждают ли снимки спутникового наблюдения запуск ракеты. Полученная информация ему особенно не помогла. Облачное образование закрывало вид на американские пусковые установки, и, таким образом, нельзя было подтвердить ни запуск ракеты, ни дать отмашку. Он начал думать. Фактов не было. Но за долгие годы обучения им всегда говорили, что если американцы начнут нападение, то с большой вероятностью они запустят сразу множество ракет, чтобы исключить ответный удар со стороны России. Он вспомнил русскую поговорку: «Ложкой море не вычерпать!» В соответствии с протоколом он пошел к телефону и отрапортовал «вероятно ложная тревога». Он только успел положить трубку, как сирены вновь завыли, и компьютер опять показал запуск второй ракеты со смертоносным ядерным зарядом на борту. Ужас нарастал и охватил всех солдат и офицеров, работавших в Центре раннего предупреждения. Станислав Петров не поддался общей панике. Он опять приказным тоном потребовал вернуться на рабочие места и продолжить работать. Он ни на секунду в тот момент, как он рассказывал, не думал об опасности для жизни своей жены и своих детей. Этим эмоциям там не было места. Он полностью сконцентрировался на работе, на своей должности, своей задаче. Он в очередной раз взял телефон, чтобы распросить об оперативной обстановке через спутники. Но ответ ему опять не помог. Закрытые облаками территории не давали рассмотреть ситуацию. Что последовало потом, разрывало его на части. Сирены выли, и выли, и выли. Компьютер показывал запуск третьей, четвертой и пятой ракет в сторону Советского Союза. Теперь и Станислава Петрова охватили сомнения, действительно ли это была «вероятно ложная тревога». Он знал, что за последние десятилетия в

США было в общей сложности три ложных тревоги, которые, правда, в течение одной-двух минут распознали как таковые. В СССР за эти же десятилетия ни одной ложной тревоги в системе не было. Но он слишком хорошо знал создаваемые им самим системы и не исключал возможности ошибки в системе «ОКО». Что же делать? Что он мог или должен был сделать? Как и все офицеры в то время он был в курсе напряженной обстановки. «Холодная война» перешла в горячую фазу. За три недели до того боинг «Корейских авиалиний» рейса 007, направлявшийся из Америки в Южную Корею, был сбит советским истребителем над открытым морем. Пассажирский самолет без разрешения залетел далеко в российское воздушное пространство. 269 пассажиров и экипаж погибли. Среди них член американского Конгресса. Маловероятно, что решение сбить пассажирский самолет было принято без согласия тогдашнего генерального секретаря СССР Юрия Андропова. Никто бы не посмел принимать решение такого масштаба самостоятельно. А Юрий Андропов, который на тот момент также занимал пост президента СССР, никому бы не передал полномочия принимать решения в такой геополитической обстановке. Тогдашний президент США Рональд Рейган назвал преднамеренное сбитие самолета варварским актом и преступлением против человечества, которое нельзя будет забыть. Уже за шесть месяцев до того Рейган назвал Советский Союз «империей зла». Эти слова и сбитие гражданского авиалайнера подвели «холодную войну» к точке кипения. Юрий Андропов на полном серьезе заявил в узком кругу, что он не исключает внезапное нападение «Барбаросса» (так называлось внезапное нападение Гитлера на СССР) американцев на Советский Союз. Эти опасения Андропова были известны и Станиславу Петрову. А теперь компьютеры показывают нападение американских ракет. Все ждали действий Станислава Петрова. Необходимо было принять решение. И именно в кратчайшие сроки. Он размышлял. В первом сообщении он назвал ракетное нападение «вероятной ложной тревогой». Теперь, когда поминутно шум сирен еще четыре раза оповестил о тревоге, он уже был не уверен, что его анализ ситуации «вероятно ложная тревога» был правильным. Однозначная точка зрения, которую ему вбили за долгие годы муштры, что американцы будут нападать целой армадой ядерных ракет, может оказаться неправильной. Может быть, они сначала запустили пять ракет, чтобы предварительно нанести обезоруживающий удар, т.е., уничтожить советские командные центры и предотвратить ответный ядерный удар. В соответствии с протоколом он обязан был сообщить о сигналах компьютера. Он не мог передать свой предыдущий анализ «вероятно ложная тревога», так как уже не был в нем полностью убежден. Но он был убежден, что если он сообщит о показанном пуске четырех ракет, то ни у кого уже сомнений не возникнет, и маниакально недоверчивый Андропов даст приказ о контрударе. Было известно, что Юрий Андропов –

один из организаторов карельского партизанского движения против немцев – уже один раз пережил внезапное нападение ночью на свою страну. А, именно, когда неожиданно 22.06.1941 г. был нарушен Гитлеровско-сталинский пакт или, как его называют в России Пакт Молотова-Рибентроппа, и Гитлер внезапно напал на Советский Союз. Юрий Андропов был долгие годы шефом тайной разведки КГБ и действительно верил в предстоящее нападение Запада на Советский Союз. Поэтому российским агентам было приказано наблюдать за соответствующими ведомствами и учреждениями на Западе после наступления темноты и докладывать о возможной сверхурочной работе в Москву. Таким образом делались выводы о подготовке нападения на Советский Союз. На это чрезвычайно нервное время для кремлевской верхушки пришлась ночь 26.09.1983 г. Позже Станислав Петров описал свое решение не докладывать в соответствии с протоколом о пуске дальнейших ракет как решение «пятьдесят на пятьдесят». Решающим для него было, как он позже сформулировал: «Я не хотел нести ответственность за третью мировую войну.» Он был знаком и с российскими, и с американскими анализами. По этим расчетам после первого удара и в США, и в СССР погибла бы половина населения. А со второй волной и все население обеих стран. В краткое время погиб бы один миллиард человек. И, как следствие, ни один человек на земле бы не выжил. Свои ощущения в последующие минуты он описывал следующим образом: «У меня было чувство, как будто бы меня ведут на Голгофу.» Он сравнивал свои ощущения с ощущениями основателя христианства на пути к месту своей казни, на холме Голгофа. Схожие чувства возникают у приговоренных к смерти, которую они осознают непосредственно перед исполнением приговора. И вот через несколько минут, показавшихся ему вечностью, - облегчение. Системы радаров, которые должны были показать приближение ракеты за минуту до удара по российской территории, не показали приближающейся ракеты. Американцы не совершали ядерного нападения. Облегчение у всех, кто пережил последние минуты, было безграничным. Они выжили и могли жить дальше. Все возликовали. И опять именно Станислав Петров не допустил хаотической радости и строго потребовал всех занять свои рабочие места и продолжить работу в соответствии с протоколом. К концу ночной смены рано утром 27.09.1983 г. к нему пришел дежурный командир. Тот, кто, прими Петров иное решение, должен был бы дать приказ о запуске российской ядерной ракеты в сторону Америки. Оба мужчины находились под впечатлением от событий прошедшей ночи и радовались, что им повезло пережить ее. Они долго обнимались и опустошили вдвоем бутылку водки.

Нервы Станислава Петрова были так накалены, что он после этого проспал 28 часов.

НИ ПОЧЕСТЕЙ, НИ ПРИЗНАНИЯ

Последущее расследование причин ложного компьютерного оповещения не дало однозначных результатов. Вероятнее всего, компьютеры посчитали первые лучи восходящего солнца во время так называемого равноденствия за старт ракет. Станислав Петров предотвратил третью мировую войну. Этого мнения придерживались все, кто был там той ночью. Они так высоко оценили его заслугу, что думали, что в знак благодарности его именем назовут улицы, дома, учреждения. На на пути у этой эйфории стояли национальные интересы. Доказанная уязвимость советских противоракетных комплексов не должна была стать достоянием общественности и тем самым собственного населения, не говоря уже о враге. Неудивительно, что ни российские вооруженые силы, ни российское правительство до сих пор открыто не признали, что в ту ночь население было на волоске от гибели. В обратном случае и американские вооруженые силы, и американская администрация это также открыто бы не признали. Слишком большой страх это вызвало бы у населения и похоронило бы веру в безопасность ядерного оружия. Ядерные лоббисты до сих пор сеют сомнения о том, насколько близка была смерть миллиардов людей, не называя при этом обоснованных фактов. Молчание всех, кто был в курсе событий той ночи, было обеспечено обязательством сохранения тайны. Но что делать с человеком, который пользовался таким авторитетом у всех участвующих военных. Необходимо было предотвратить любую дискуссию об ответствености за ошибку системы. Нужен был козел отпущения.

Состоялся крайне позорный допрос. Станислава Петрова обвинили в нарушении правил протокола. Он обязан был записывать все данные сотрудникам указания к действиям. Станислав Петров ответил в свою защиту: «Для этого мне понадобилась бы третья рука, а ее у меня не было». Проводившему допрос нечем было на это возразить, так как невозможно предъявить человеку обвинение в том, что объективно невозможно сделать. Тогда ему предложили внести дополнения в протокол. Станислав Петров распознал опасность такой хитрой просьбы. Он отказался менять протокол словами: «Это подделка документов. Это нарушение правил протокола. Этого я делать не буду.» В итоге, в его личном деле остался выговор без юридических последствий. Его перевели работать на должность более административного характера без понижения в звании и зарплате. На него стали давить. Сейчас это бы назвали моббингом. В конце концов, он подал заявку на уход в отставку. Почти 30 лет в армии, из них большая часть в элитных войсках с высокими наградами, подошли к концу. Таким образом, этого мужчину элегантно убрали. Без видов на повышение или дальнейшую карьеру он проработал еще несколько лет уже как гражданское лицо на каком-то незначительном посту в военно-промышленном комплексе до своего выхода из активной профессиональной жизни.

Позднее Станислав Петров описывл такое жестокое обращение с собой: «Существует «закон курятника»: «Взлететь повыше, клюнуть ближнего, нагадить на нижнего.» К пенсии он получил квартиру во Фрязино, где ухаживал до ее смерти за своей больной раком женой. А я в то время жил – как и сейчас- в 300-400 метрах по прямой от бывшего сталелитейного завода «Гуте-Хоффнунг» (добрая надежда), одного из ведущих сталелитейных и машиностроительных концернов Европы в Оберхаузене-Штеркраде. Я был уверен, что в случае чего российская ядерная ракета полетит на этот промышленный объект. Направлять ракету на Кельнский собор или Люнебургскую пустошь врядли имеет смысл. Вся моя жизнь протекала под знаком холодной войны и, стоя у себя во дворе, я всегда представлял себе, глядя в небо, что ракета, в случае ядерной войны, направленная на сталелитейный завод «Гуте-Хоффнунг», промахнется на 200 метров или просто будет недостаточно точной и взорвется прямо над моим двором, а я в течение секунды увижу ядерный гриб, и каждая жизнь – и моя, и моей семьи- будет уничтожена. Я был частью поколения, которая считала ядерную войну вполне возможной. В отличии от объединения Германии, которое мы на ближайший век полностью исключали. Это было так же невозможно, как то, что Папа Римский бы женился.

Репортаж в газете «Бильд»

Холодная война наложила свой отпечаток на меня и

миллионы других граждан Германии.

Но то, что ядерную войну предотвратил один единственный русский офицер, я не знал.

К моему удивлению в 1998 г я прочитал в крупной бульварной газете статью об этом проишествии. В репортаже шла речь о подполковнике в отставке по имени Станислав Петров, который живет в недостойных условиях. Я был шокирован. Овдовев, этот человек, который своим благоразумием спас мир от катастрофы, жил в бедности, печали и одиночестве в пригороде Москвы. Этого я вынести не мог. Меня охватило непоколебимое желание сказать ему «спасибо» и что-то для него сделать. Многие посчитали эту статью типичной газетной уткой. Но на моем профессиональном пути не раз встречалась огромная несправедливость, поэтому я и эту несправедливость посчитал возможной. Я связался с бульварной газетой и узнал, что этот репортаж был кратким пересказом более длинной статьи из Daily Mail. Автором репортажа был Ян Томас, английский корреспондент Daily Mail в Москве. Он ссылался на российского генерала, который в журнале «Коммерсант-Власть» впервые открыто рассказал, что некий Станислав Петров в свое время пошел против правил. Репортер Ян Томас нашел адрес Станислава Петрова и отправился к нему, чтобы взять интервью. Станислав Петров действительно открыл ему дверь и подтвердил, что он является Станиславом Петровым. Но о проишествии 26.09.1983 г. ему ничего не известно. Несомненно, его с кем-то перепутали. И закрыл дверь. Станислав Петров посчитал журналиста тайным агентом, в чью задачу входило выяснить придерживается ли он обязательства хранить тайну. За последние годы это был не первый такой подозрительный визит. Он знал о том, что ему грозит смертная казнь, если он не будет хранить молчание. Поэтому он на всякий случай так и не рассказал жене вплоть до ее смерти о том, что произошло ночью 26.09.1983 г. Но прозорливый репортер уже подозревал что-то в этом роде и продолжал настаивать на своем. Судя по всему, он опросил соседей по дому и узнал, что Станислав Петров действительно был подполковником, который до самой смерти своей жены нежно о ней заботился, а теперь остался совсем один и живет на небольшую пенсию, которую в то время выплачивали нерегулярно. Он поджидал у дома, пока Станислав Петров не выйдет на прогулку, а потом сфотографировал его, будучи незамеченным.

И вот, наконец, история была готова и вышла в Daily Mail под заголовком: «How I stopped nuclear war and wrecked my life» («Как я предотвратил ядерную войну и загубил свою жизнь») И подзаголовок: «Red Army man who kept calm and saved the world» («Красноармеец, который сохранил спокойствие и спас мир») Лишь этот репотер мог помочь мне поблагодарить Станислава Петрова. Я должен был связаться с ним. Я помню, что я в течение двух недель звонил по телефону. Я разговаривал с Берлином, Гамбургом, Москвой, Варшавой, Лондоном и Манчестером. Я дозвонился до репортера. Он прислал мне свою статью из Daily Mail и дал адрес Станислава Петрова.

Станислав Петров, ул. 60-летия СССР, д.1 кв. 152, 141195 Фрязино

Телефона у Станислава Петрова не было. Мобильных телефонов тогда еще почти ни у кого не было. На российскую почту положиться было нельзя. Предупредить о визите заранее было невозможно. Я знал, что мой товарищ Гельмут Хен немного говорил по-русски («для домашнего пользования», как он всегда подчеркивал) и рассказал ему о своих планах посетить Станислава Петрова в Москве. После некоторых колебаний мой товарищ согласился поехать со мной. Я задумался о том, когда одинокого человека скорее всего можно застать дома. Мне казалось, что в субботу с утра. И так мы решили лететь в пятницу в Москву, переночевать в гостинице, а в субботу утром поехать на такси во Фрязино. И вот мы вылетели. Сейчас все это звучит дико и дорого. Но мне помнится, что рейс «Аэрофлота» до Москвы стоил около 100 марок. Изначально мы планировали лететь из Дюссельдорфа в Москву через Вену. Но все вышло иначе.

АВАРИЙНАЯ ПОСАДКА В МЮНХЕНЕ
Сразу же после старта в Дюссельдорфе мы вдруг увидели дым в передней части самолета. Капитан сообщил из кабины что-то вроде «Хьюстон, у нас проблема» и объявил

об аварийной посадке. Я помню, как сказал своему другу: «Гельмут, ты еще помнишь «Отче наш»?» Я никогда не забуду то страшное ощущение, когда по обеим сторонам посадочной полосы нас сопровождала вереница пожарных машин. После удачной посадки нас в течение двух часов перебронировали на прямой рейс из Мюнхена в Москву.

В Москве

Перед гостиницей, в которой мы остановились, стояла целая очередь роскошных лимузинов с водителями, которые всю ночь не выключали двигатели. Иначе из-за холода машины бы потом не завелись. А в это время новые русские чувствовали себя в отеле хозяевами этого праздника жизни. В субботу утром нам заказали такси на стойке регистрации. Когда водитель нам назвал цену за поездку во Фрязино (70 километров в одну сторону), мы пообещали ему надбавку, если он будет ехать особенно осторожно и потом нас там пару часов подождет (мы не были уверены, что у нас правильный адрес, и примут ли нас) и отвезет в полном здравии обратно. Я никогда не забуду ответ таксиста: «За такие деньги я вас хоть в Гамбург отвезу.»

Во Фрязино

Приехав в большой микрорайон (он был построен в честь 60-летия Великой октябрьской революции), даже таксист еле нашел нужный адрес. Расспросив множество прохожих и покружив несколько раз, мы, наконец, остановились перед домом № 1. А потом и перед 152-ой квартирой. Таблички с именем на двери не было. Мы постучались. Через некоторое время, когда мы уже собирались уйти, открылась дверь. Да. Это был действительно Станислав Петров. Человек, чья фотография была опубликована в газете «Бильд».

Станислав Петров окинул нас удивленным взглядом. Я спросил: «Are you Mr.Petrov ?» («Вы господин Петров?») Он кивнул. И потом я вроде нашел нужные слова: «My name is Karl Schumacher and this is Mr.Helmut Höhn. We come from Germany. We want only say thank you. Not more.» (Меня зовут Карл Шумахер, а это Гельмут Хен. Мы приехали из Германии. Мы просто хотели сказать вам спасибо. И все.») И мы показали ему статью из газеты с его фотографией. Лицо Станислава Петрова просветлело. Он был явно удивлен. На такой визит он в это субботнее утро явно не рассчитывал. Эти оба не могли быть тайными агентами или журналистами. «Come in» («Проходите»), - пригласил он нас на свою маленькую кухню и начал варить кофе. В маленькой квартирке, которую российское государство выделяло бывшим высоким армейским чинам в собственность, сразу же возникла взаимная симпатия и теплая близость. В квартире было слишком жарко, таким я вспоминаю и дом своих дедушки с бабушкой, хотя несмотря на ноябрьский холод дырка в окне на кухне была заклеена всего лишь куском картона. Тепло поступало с ближайшей ТЭЦ, термостатов на радиаторах не было. Температуру в квартире регулировали, открывая или закрывая окно. За этим последовал многочасовой разговор, и, насколько я помню, мы совсем не говорили о событиях ночи 26.09.1983 г, когда он принял решение во благо человечества. Мы скорее говорили о текущих условиях его жизни, о времени, в котором тогда жил Станислав Петров. И эти условия были очень трудными. Он получал пенсию в 1000 рублей. А мы только за чашку кофе в гостинице заплатили 100 рублей. Еще несколько лет назад он собирал травки на находящемся недалеко кладбище и в парках. Из этих трав и колосьев дикой пшеницы он варил суп и питался им, чтобы выжить. Во время нашего разговора мне пришла в голову идея, что было бы неплохо, если бы Станислав Петров смог приехать в Германию, в Оберхаузен и выступить перед школьниками и показать ему, что он смог уберечь своим решеним: Кельнский собор, Венло, Оберхаузен и многое другое. Он, в принципе, был не против приехать. И к нашему удивлению он разбирался в Шенгене лучше нас. Но у него не было загранпаспорта, а паспорт и визу можно было получить лишь в Москве. Также мы не знали, считается ли он до сих пор невыездным. Мы обсудили все формальности в России и Германии и выдали ему средства, необходимые на поездку в Оберхаузен. Мы обещали ему организовать все необходимые документы для визы в Германию. Для согласования он дал нам номер телефона соседа.

При прощании мы были полны оптимизма, что у нас все получится, и мы увидимся в Германии.

Опять дома

Как и запланировано, мы на следующий день (воскресенье) вылетели домой. В понедельник мне позвонила госпожа Штейн из турбюро Frenzel und Stein и спросила, живы ли мы. Она беспокоилась, так как, судя по документам, мы приземлились в Вене, но потом не сели на рейс в Москву. Для нее мы пропали в Вене. Об аварийной посадке и перебронировании она не знала. Я также помню о своем визите в ведомство по делам иностранцев в Оберхаузене. Я должен был предоставить распечатки со счетов, подтверждающие, что я был финансово в состоянии обеспечить пребывание приглашенного гражданина Станислава Петрова. Также я должен был подписать бумаги, что в случае его болезни я возьму на себя все расходы на лечение. Также я должен был в письменной форме обязаться в случае смерти приглашенного понести все расходы на его похороны. Все эти документы необходимо было предоставить немецкому посольству в Москве для получения визы.

Такая вот бюрократия. Германия же не знала, кто собирается приехать. Бумажная волокита заняла шесть месяцев. И, наконец, в апреле 1999 г. он приземлился в дюссельдорфском аэропорту. Наша встреча прошла также тепло, как и прощание во Фрязино.

Станислав Петров в Оберхаузене

Мне кажется, Станислав Петров получил удовольствие от двух недель в Германии. Мое желание осуществилось. Директор гимназии им. Софи Шолль, д-р Ларош пригласил Станислава Петрова на урок русского языка госпожи Йокс, и тот отвечал там на вопросы учеников. Реакция одной школьницы, о которой я на следующий день прочитал в ежедневной газете, трогает меня до сих пор:

«Такими я себе русских военных и представить не могла». Также исполнилось и мое желание показать ему все, что не превратилось в пыль и прах благодаря его решению. Мы посетили Кельнский собор, маленький городок Венло в Голландии, Рейн в Дуйсбурге, «Эйзенгейм», старейший рабочий поселок Европы в Оберхаузене-Остерфельде, мастерскую ретроавтомобилей, садовый центр, кинопарк в Боттропе-Кирхгеллене. Он ходил со мной в банк, к зубному врачу, к оптику и проведать больного в больницу. Он расписался в «Золотой книге» города Оберхаузена. И он ходил со мной на футбол, где арбитрами были мои дети, Николь и Карл-Маркус. Он был рад дать сигнал к началу юношеского матча по футболу в Боттропе и не отказался прокатиться вместе с молодежью на аттракционах в кинопарке в Боттропе. Я думаю, что ему очень понравилось общаться с молодежью во время поездки. Тот, кто видел, с каким удовольствием он смотрел на тарелку с едой во время визита в ресторан с моей семьей, мог догадаться, что он долгое время голодал. Он дал несколько интервью газетам и телеканалам WDR, SAT1 и RTL. При этом он оставался крайне скромным и непритязательным. Ему было неприятно, когда его обхаживали. Через 17 лет после поездки он сказал мне по телефону, что он с удовольствием вспоминает мою мать. Она жила наверху в нашем доме и пригласила его в субботу на обед на гороховый суп. Ее слова он так и не забыл:

«Станислав, мой сын рассказал мне, что ты спас мир. Но это мне сейчас не важно. Садись и попробуй мой гороховый суп и скажи, нравится ли он тебе.» Когда Станислав Петров через две недели улетал домой, то мы тепло распрощались и пообещали друг другу оставаться в контакте. Потом я услышал, что благодаря своему визиту к нам, о нем узнали американские университеты и захотели пригласить его в США. Тогда я осознал, что мой энтузиазм себя оправдал. Это ощущение лишь усилилось, когда через несколько дней я позвонил в газету «Бильд», чтобы поблагодарить их за то, что визит Станислава Петрова стал возможным именно благодаря их статье, а их реакцией было: «Серьезно? Он существует на самом деле?» Почести в США и Германии В последущие годы Станислава Петрова чтили много раз. В здании ООН в Нью-Йорке ему вручили медаль «Гражданин мира» за заслуги перед человечеством. В своей речи перед почетной публикой он подчеркнул: «I am not a hero.» (Я не герой), но признался, что оказался «At the right time at the right place» (в нужное время в нужном месте).

Фильм наносит вред его репутации

После своего визита в Германию и связанных с этим репортажей в прессе Станиславом Петровом заинтересовалась одна датская кинокомпания. Съемки фильма «The man who saved the world» (Человек, который спас мир) длились более 10 лет.

Слишком поздно он понял, что попал в медийный бизнес, в чьих законах он не разбирался. Он понял, что подписал так называемый «кабальный договор», который запрещал ему в течение съемок фильма давать, например, интервью или поддерживать контакты с другими СМИ. Он также не выторговал для себя право голоса в решении о деталях финальной версии фильма. По договору его обязали играть сцены в качестве актера и говорить написанные сценарием тексты. Он не мог не заметить, в каком контексте, насколько искаженно его выставили в финально смонтированном фильме. В очередной раз оскорбили его достоинство. Он больше ни разу не посмотрел фильм и отказался присутствовать на премьерах или публичных показах.

С горечью он подытожил свое впечатление от фильма: «Они выставили меня хулиганом. Ничто не может быть дальше от правды.» Это подтверждают все, кто лично знал Станислава Петрова. Они все в один голос описывали Станислава Петрова как крайне дружелюбного, скромного, сдержанного, спокойного и приятного человека. В Майнце ему вручили премию «Немецких СМИ». С почетной речью в его честь выступил бывший президент Роман Херцог. В

Дрездене ему вручили Дрезденскую премию мира, которой за два года до него наградили Михаила Горбачева. С почетной речью выступил известный журналист Клаус Клебер. Журналистка Ингеборг Якобс написала книгу: «Станислав Петров. Человек, который предотвратил ядерную войну». Когда ему намекнули, что его хотят выдвинуть на Нобелевскую премию мира, он отказался и попросил меня этого не делать: «ТОГДА У МЕНЯ И СПОКОЙНОЙ МИНУТКИ НЕ ОСТАНЕТСЯ.» Смерть Станислав Петрова, и как мир об этом узнал.

7 сентября 2017 г., как и каждый год, я позвонил Станиславу Петрову, чтобы поздравить его с днем рождения. Я помню этот звонок, как если бы это было вчера. Когда на другом конце сняли трубку, я сразу начал: «Happy birthday to you Stanislaw. Happy birthday to you. Stanislaw Karl speaking from germany.» (С днем рождения тебя, Станислав! С днем рождения тебя! Это Карл из Германии.) И затем шок: «Dmitrj speaking. Father dead.» (Это Дмитрий говорит. Папа умер.) Я был в Шоке. Станислав умер? Я подумал, что он только недавно умер и спросил: «When is he died ?» (Когда он умер?) Дмитрий: «Moment please» (Секундочку). Он отошел, а я ждал несколько минут.

Мне показалось, что он рылся в бумагах, а потом он спросил: «Schumacher ?» (Шумахер) Я ответил: «Yes Schumacher, Karl Germany.» (Да, Шумахер, Карл, Германия) Нам сложно было друг друга понять, поэтому он не смог назвать мне дату смерти. Я попросил его прислать мне мейл. Чуть позже я получил следующий мейл: «Добрый вечер, господин Шумахер. Я сын Станислава Петрова, Дмитрий. Отец умер 19 мая 2017 г. Как такое было возможно? У нас было уже 7.9., а Станислав Петров умер уже 19 мая – т.е., он умер 3,5 месяца назад, а мир об этом ничего не знал. Станислав Петров умер в своей квартирые после многомесячных проблем с венами в ногах от воспаления легких. Я дал траурное объявление в ежедневную газету и проинформировал по электронной почте все значительные издания, газеты, журналы и агентства новостей. Реакции не последовало. Лишь когда журналист и редактор Михаэль Бресготт из Westdeutsche Allgemeine Zeitung опубликовал некролог, и некоторое время спустя французское агентство новостей AFP из Латвии, переговорив по телефону с сыном Дмитрием, убедилось в достоверности сообщения, новость о смерти Станислава Петрова обошла весь мир. New York Times взяла у меня интервью по телефону, а Washington Post опубликовала более масштабный репортаж. В результате, газеты в более 150 стран сообщили о смерти человека, который так много сделал для людей и в их странах. Даже на хинди и суахили. Год спустя я со своим другом Гельмутом Хеном посетил могилу Станислава Петрова вместе с его детьми. Мы установили надгробную плиту с надписью **«DANKE SPASSIBA THANK YOU».**

Смысл надписи на надгробной плите таков:

«Ты столько себя унес с собой. Но ты столько себя оставил и здесь.» Более сдержанными словами описать наследие

Станислава Петрова невозможно. Нет более символичного места для мирного соглашения, чем его могила, если сверхдержавы когда-нибудь решат договориться о снижении опасности, исходящей от атомного оружия, даже если его не собираются применять. Пока не существует идеальных людей и идеальных компьютерных программ, пока нельзя исключить ошибки в коммуникации между человеком и компьютером, остается риск, что однажды повторится такая ночь как 26.09.1983 г. И тем самым остается опасность, что однажды вследствие ядерной катастрофы земля будет вращаться вокруг солнца уже без людей на ней.

Мемориальные доски в Оберхаузене-Остерфельд

В разгаре лета 2018 г. я случайно узнал, что на одной из дорожек в парке на Вестише Штрассе в Остерфельде планируется садовый проект. Именно по этой дорожке в свое время я гулял со Станиславом Петровым, когда он давал интервью телевидению. И я подумал, что это было бы хорошим местом для мемориальной доски в честь Станислава Петрова. Там также должны были установить две скамьи, на которых могли бы передохнуть посетители и порадоваться данной акции. Я сделал презентацию запланированных досок в районном собрании Остерфельда, и представители всех партий –что бывает крайне редко- поддержали идею, и я получил разрешение от бургомистра района Томаса Крайя.Своевременно ко второй годовщине смерти Станислава Петрова 19.5.2019 г. мемориальные доски на трех языках, немецком, русском и английском были представлены на суд общественности в присутствии почти 200 заинтересованных граждан. На это мероприятие я также пригласил детей Петрова. Из Москвы в Германию прилетели сын Дмитрий Петров и дочь Елена Веретеникова со своим мужем Виктором Веретениковым, чтобы принять участие в открытии мемориальной доски. В своей речи я подчеркнул, что Станислав Петров действительно спас человечество от уничтожения. Вернее говоря, вместе со всеми людьми канули бы в лету и их культурные достижения и воспоминания о когда-либо живших людях. Не осталось бы ничего, что создал человек. Ни теорема Пифагора, ни философия, ни религия, ни одна книга, ни одно произведение искусства или музыки, ни одно архитектурное сооружение, ни один результат технических достижений не смогли бы послужить после ядерной войны свидетельством, что на Земле когда-либо жили люди. Даже египетские, ацтекские и иероглифы Майя в один прекрасный день разрушились бы под влиянием атмосферных условий.Наша Земля стала бы напоминать сегодняшнюю луну.Потом была установлена еще одна доска со стихотворением моего одноклассника Эбергарда Кирхгоффа о минутах принятия решения Станиславом Петровым. В школах преподают историю, потому что мы учимся на примере истории. Поэтому решение Станислава Петрова в ночь 26.09.1983 г. должно войти в учебники по истории. В зависимости от точки зрения человек на этой планете либо эксперимент божий, либо природы. Благодаря Станиславу Петрову этот эксперимент продолжается.

Надеюсь, что он закончится не слишком быстро.

Как я познакомился с Михаилом Сергеевичем Горбачевым.

20 августа 2019 г я имел честь быть на приеме фонда Михаила Сергеевича Горбачева в Москве. Нас познакомили двое мужчин. Во-первых, д-р Лео Энзель, конфликтолог и тренер по межкультурной коммуникации организации «Ost-West-Kontakt", а, во-вторых, Руслан Гринберг. Д-р Лео Энзель узнал о Станиславе Петрове через меня и лично посетил его во Фрязино. Он по различным мероприятим знал профессора Руслана Гринберга, известного российского экономиста из Москвы, директора Института экономики Российской академии наук, друга и экономического советника Михаила Горбачева, который так дружил с Михаилом Горбачевом, что после его смерти был одним из тех, кто находился в карауле Горбачева во время траурной церемонии. Михаил Горбачев знал о моем визите к Станиславу Петрову, о его поездке в Рурскую область и помощь ему. Ему было также известно, что новость о смерти Станислава Петрова обошла весь мир, и что в Оберхаузене в память о Станиславе Петрове была установлена мемориальная доска. Таким образом я получил приглашение в его фонд. На встрече также присутствовали

д-р Лео Энзель и проф. Руслан Гринберг. Я был сильно удивлен. Михаил Горбачев излучал ауру симпатии, которой я до того ни у кого не встречал. Чрезвычайно дружелюбный, предупредительный, располагающий, сопереживающий и без всякого налета властных замашек или выпячивания себя и своей важности. Я думаю, он обрадовался, что я приехал из Рурской области, так как в своих поздних книгах он писал, насколько симпатичны ему были сталевары фирмы «Хеш» в Дортмунде, с которыми он встречался во время своего визита в Германию. Было ощущение, как будто бы встретился с хорошим другом или соседом, которого давно знаешь, но долго не виделся. Мне сразу стало ясно, почему после смерти Константина Черненко именно его выбрали генеральным секретарем КПСС. Члены политбюро не боялись Михаила Горбачева. Так на конклаве, где еще находящиеся на равных кардиналы выбирают одного из своих рядов Папой и наделяют его тем самым абсолютной властью над своей судьбой, шансы есть лишь у кардинала, которого большинство других кардиналов не боятся. С большой вероятностью следующие восемь Пап Римских уже живут среди нас, еще не зная, что они в один прекрасный день станут Папой. Можно только надеяться, что один из них будет «Горбачевым» и введет принципиальные изменения в римский католицизм. Чтобы добиться успеха, ему понадобится время, чтобы переманить вторую команду гвардии в Риме на свою сторону. О политике Михаила Горбачева, перестройке и гласности, которые полностью изменили его страну и Европу, писали уже намного более компетентные люди, чем я. Также его заслуги в отношении договоров о разоружении с президентом США, Рональдом Рейганом о снижении арсенала ядерного орудия, известны всему миру. Особенно в Германии никогда не забудут, что именно благодаря ему стало возможным ее объединение.

Моя личная оценка Михаила Горбачева

Для меня самая большая заслуга Михаила Горбачева состоит в том, что он снес целую философскую конструкцию (марксизм / ленинизм / сталинизм / маоизм) - тысячи профессоров в университетах преподавали эти «науки». Для этого понадобился крестьянский сын, который никогда не забывал о народе и качестве его жизни. В нашей культурной традиции великих исторических личностей – всех глав государств своих стран, оказавших огромное влияние на соседние страны, – принято называть великими. Например: Рамсес Великий, Карл Великий, Александр Великий, Фридрих Великий, Петр Великий или Екатерина Великая. С исторической точки зрения все эти «Великие» имеют свои заслуги, но ни один из так называемых «Великих» не принес одновременно миллионам людей мир, свободу и лучшую жизнь, как это сделал Михаил Сергеевич Горбачев. Поэтому он стоит не только в ряду Великих, но по праву может считаться Величайшим среди Великих. Возможно всем тем, кто был с ним лично знаком, особенно в его непосредственном окружении, это может показаться несколько странным, так как будучи в непосредственной близи, историческая категоризация его значения, естественно, часто ускользает. Со всеми современниками и соратниками исторических «Великих» это было не иначе. Из всех Великих он принципиально выделяется в трех отношениях. Во-первых, по своему глобальному значению. Это связано с нашим временем. Радиус действия в античности и средневековье был уже. Во-вторых, сопереживающими чертами своего характера. Предположить такие черты у Рамсеса или Александра заставило бы перевернуть историю с ног на голову. В-третьих, фактом краткосрочности своей власти. Всего за шесть лет ему удалось распространить свое положительное влияние по всему миру. Несомненно позже историки смогут достойным образом отдать дань его личности. Я считаю привилегией, что мне посчастливилось лично встретить Михаила С. Горбачева в августе 2019 г. и позже доставить ему радость подарком в конце его жизни. Я узнал, что во время эпидемии коронавируса он, будучи на диализе, лежал в больнице, и к нему не пускали ни сотрудников его фонда, ни родственников. Я читал в его автобиографии и в других биографиях, что он в юности вместе со своим отцом собрал самый большой урожай зерновых во всем СССР. Его отца за это Сталин наградил орденом им. Ленина, который могли вручить лишь одному из них. Чтобы почтить каждого Горбачева Сталин пожаловал молодому Горбачеву орден

Красного Знамени. Я купил миниатюрный комбайн и послал его по почте в фонд Горбачева с просьбой передать подарок Михаилу С. Горбачеву. Позже я узнал, что он очень обрадовался этому подарку. Он напомнил ему о молодости и позволил на миг забыть о своих болезнях, политике и жизни после нее. Он смог опять радоваться жизни.

Патриоты России

Наряду с их всемирно-историческим значением и заслугами в предотвращении ядерной войны между США и Россией у Станислава Петрова и Михаила Горбачева есть еще одна общая черта. Оба не могли себе представить жить вне России. Оба хотели умереть в России и быть похороненными в ней. Они хотели сохранить свои корни рядом со своим народом и после смерти. Поэтому Станислав Петров и Михаил Горбачев – великие патриоты России.

Bilder der Begegnung mit Stanislaw Petrow

Notlandung in München auf dem Flug nach Moskau im Herbst 1998.

Überraschung auf der Fahrt nach Frijasino. Ein Sarg auf dem Dach eines privaten Autos überholt uns auf dem Weg zum Friedhof. Eine Begräbnisfahrt der wohl besonders günstigen Art.

Petrows Haus in Frijasino.

In der Küche von Stanislaw Petrow.

Mit Helmut Höhn und Stanislaw Petrow vor seinem Haus.

Während seines Aufenthaltes in Oberhausen wohnte Stanislaw Petrow im Parkhotel „Bockmühle" in Osterfeld

Interview in meinem Wohnzimmer in Oberhausen.

Interview auf unserer Terrasse in Oberhausen.

Mit Stanislaw Petrow am Rhein in Duisburg
114

Besuch im Russischkurs am Sophie-Scholl-Gymnasium. Mit Dr. Bernd
Laroche und der Russischlehrerin Frau Sigrid Jocks.

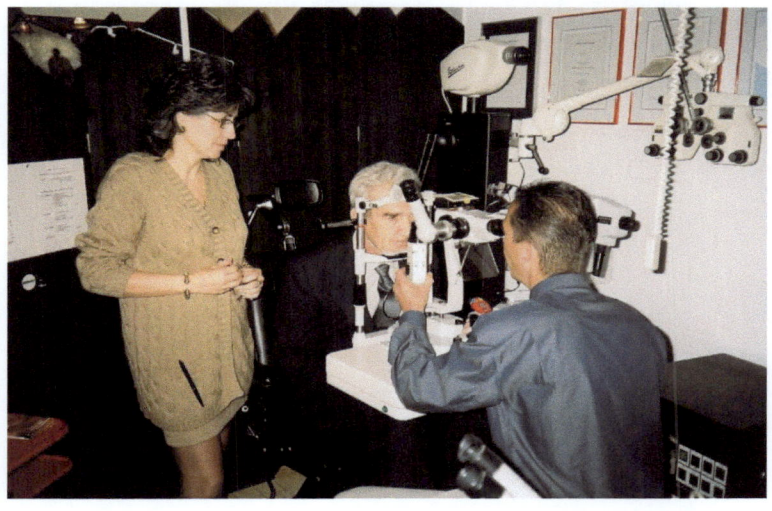

Stanislaw Petrow mit Frau Koenen beim Optiker Schmalt in

OB-Sterkrade.

Stanislaw Petrow auf dem Gasometer in Oberhausen.

Stanislaw Petrow vor dem Kölner Dom.

Stanislaw Petrow mit meiner ältesten Tochter, der
Schiedsrichterin Nicole Schumacher.

Stanislaw Petrow beim Anstoß eines Jugendfußballspieles, mit meinem Sohn, dem Schiedsrichter Karl-Markus Schumacher.

Stanislaw Petrow bei meinem Onkel Horst und Tanta Christa, Hegelstr. 2 in Oberhausen-Buschhausen.

Stanislaw Petrow auf einem Fahrgeschäft im Moviepark Bottrop-Kirchhellen.

Wer je wie Stanislaw Petrow länger gehungert hat, dem schmeckt es immer besonders gut.

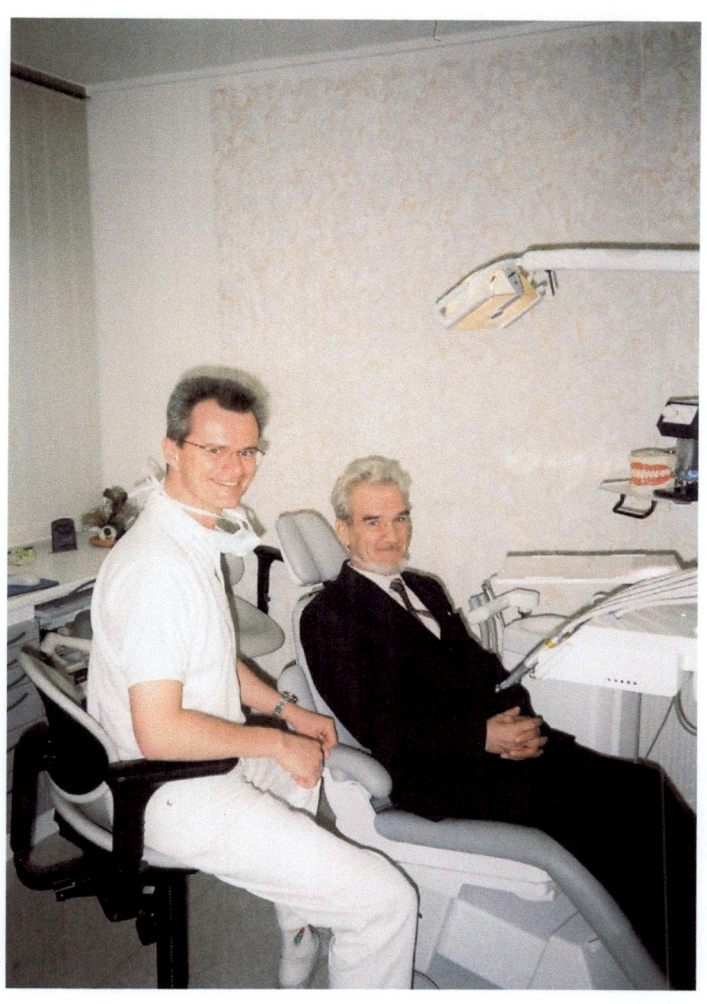

Stanislaw Petrow zur Zahnkontrolle beim Zahnarzt Dr.
Hüttermann, OB-Sterkrade.

Werner Welling schenkt Stanislaw Petrow zum Abschied
Blumen.

Abschiedsessen mit der Familie in einem chinesischen
Restaurant.

Herzlicher Abschied am Flughafen Düsseldorf.

Am 08.09.2017 gab ich eine Traueranzeige in der
WAZ/NRZ Oberhausen auf. Diese erschien am nächsten Tag, Samstag, den
09.09.2017.

Stanislaw Petrow

Leiter der russischen Nuklearabwehr
Träger des Dresdner Friedenspreises
Ausgezeichnet in New York mit dem World Citizen Award

Wie erst jetzt bekannt wurde, ist Stanislaw Petrow
am 19. Mai 2017 verstorben.

Er war bekannt geworden als
„Der Mann, der die Welt gerettet hat."

Am 26.09.1983 meldeten die Computer des sowjetischen
Raketenfrühwarnsystems den Start
von fünf US-amerikanischen Interkontinentalraketen.
Der diensthabende Offizier, Oberstleutnant Stanislaw Petrow,
entschied gegen die Computervorgaben und bewahrte so die Welt
vor einem alles vernichtenden Atomkrieg.

Im Jahre 1999 besuchte er für zwei Wochen Oberhausen.
Noch Anfang des Jahres hat er bestätigt, welch schöne
Erinnerungen er an seinen Besuch in Oberhausen hatte.

Karl Schumacher

im September 2017

Die Liebe hört niemals auf.

Die Grabstätte von Stanislaw Petrow und seiner Frau Raissa in Frijasino.

Helmut Höhn und ich legen eine Grabplatte ab.

Rede zur Aufstellung einer Gedenktafel zu Ehren Stanislaw Petrows am 19.05.2019 im Park an der Vestischen Straße Oberhausen-Osterfeld mit meiner Enkelin Hannah.

An der Gedenkfeier nahmen auch die Kinder Petrows teil.
Dr. Leo Ensel und Professor Roland Günter hatten Stanislaw
Petrow persönlich kennengelernt.

Über 150 Teilnehmer kamen zur Aufstellung der Tafeln, um an Stanislaw Petrow zu erinnern.

Die Tafel zu Ehren und Erinnerung an Stanislaw Petrow in
Deutsch, Englisch und Russisch.

Hermann- Josef Schepers mit den Kindern Stanislaw Petrows.

Siggi Prokein sorgte mit der Siggi Prokein Band für einen würdigen Rahmen bei der Gedenkfeier.

Bezirksbürgermeister Thomas Krey mit Kindern des am Park
anliegenden Kindergartens im Rahmen eines Projektes der
Multi Aktion Oberhausen.
Auch meine Enkelin Linda war dabei.

Bilder der Begegnung mit Michail Sergejewitsch Gorbatschow in Moskau am 20.08.2019

Am 20.08.2019 zu Besuch bei Michail Gorbatschow.
Der Termin wurde durch Mithilfe von Dr. Leo Ensel und
Professor Ruslan Grinberg möglich.

Am Grab der Familie Gorbatschow auf dem Jungfernfriedhof
in Moskau.
Michail Gorbatschow hat seine Frau Raissa in Lebensgröße auf
dem Grab abbilden lassen. Für mich eines der schönsten
Grabstätten.

Das Gebäude der Gorbatschow-Stiftung in Moskau.

Der Mähdrescher für Michail Sergejewitsch Gorbatschow, der ihn an seine Jugendzeit erinnerte.

Auf meinen Wunsch hat mein Schulfreund aus Grundschulzeiten ein Gedicht geschrieben. Dieses Gedicht ist in deutscher, englischer und russischer Sprache auf einer Tafel im Park an der Vestischen Straße zu lesen

Dieser kleine Moment
(für Stanislaw Petrow)

In den Handflächen sammelt sich der Schweiß
Mein Hemd ist nass
Mein Herz gefriert zu Eis
Warum legt der verdammte Gott
Den ganzen Druck auf mich?
Drück ich den kleinen roten Knopf
Fliegen die Raketen los ...
Mein Hals wird eng, dick wird der Kropf
Warum legt der grausame Gott
Mir die Entscheidung in die Hand?
Ich will es nicht, ich kann es nicht
Ich verweigere den Befehl
Ich will kein Dunkel, ich will Licht
Es gibt den Gott nur im Gebet
Und beten tu ich nicht
Bin ich der gerippte Millionentod?
Nein, ich wahre mein Gesicht:
Als Mensch!

Eberhard Kirchhoff (2021)
Der Autor ist in Osterfeld geboren und hat seine Kindheit und Jugend in der Nähe dieses Parkes verbracht.

Die im Internet gefundene weltweite Berichterstattung über den Tod von Stanislaw Petrow

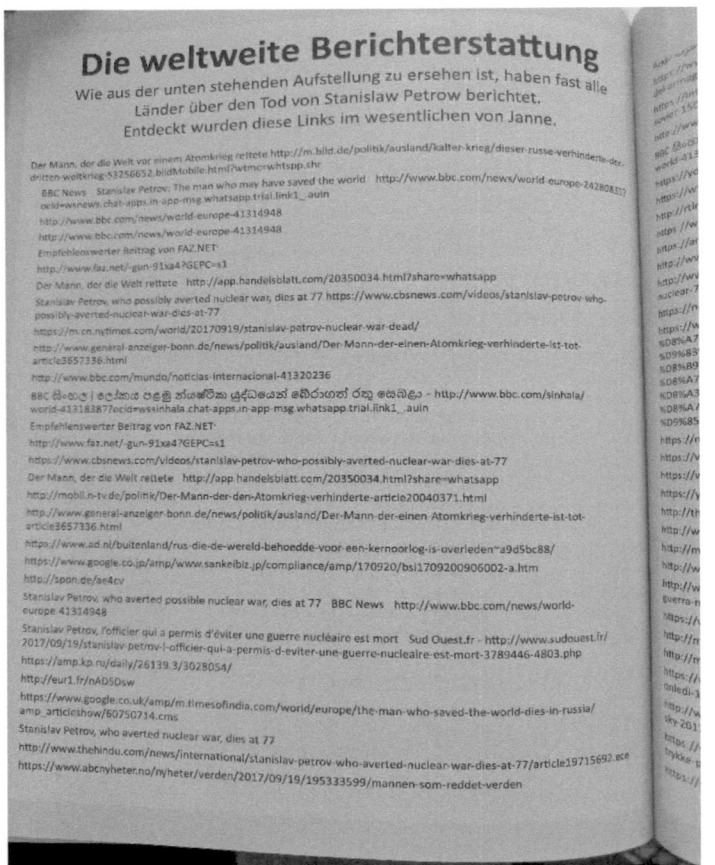

سنانيسلاف بتروف الذي أنقذ العالم من حرب نووية   BBC Arabic   http://www.bbc.com/arabic/world-41355956

https://www.google.com.mx/amp/s/www.lagranepoca.com/internacionales/178315-murio-el-hombre-que-calvo-al-mundo-del-armagedon.html/amp

https://international.sindonews.com/newsread/1240654/41/stanislav-petrov-sosok-pemegah-perang-nuklir-as-uni-soviet-1505711636

http://www.bbc.com/mundo/noticias-internacional-41320236

BBC සිංහල | ලෝකයම පරණි කිසෙක්ම ණුදනනයෙන් ද්‍රචියතයෙන් එහිරයාහන් ... http://www.bbc.com/sinhala/
world-41318387?ocid=wssinhala.chat-apps.in-app-msg.whatsapp.trial.link1_.auin

https://youtu.be/iofU8ZpjkAQ

https://www.google.co.jp/amp/www.sankeibiz.jp/compliance/amp/170920/bsi1705200990002-a.htm

http://rtlnext.rtl.de/cms/stanislaw-petrow-verhinderte-den-atomkrieg-jetzt-ist-der-held-tot-4327153.html

https://www.prosieben.de/tv/galileo/videos/2017257-so-wurde-der-3-weltkrieg-verhindert-clip

https://article.wn.com/view/2017/09/20/Mort_de_Stanislav_Petrov_un_Russe_qui_a_evite_une_guerre_nucl

http://www.kathimerini.gr/927426/article/epikairothta/kosmos/ekeinoi-poy-mas-eswsan-apo-thn-katastrofh

http://www.gazetadopovo.com.br/ideias/morre-o-homem-que-salvou-o-planeta-de-um-apocalipse-nuclear-7i7roxoaus7hp478b3o6qj5gp

https://news.walla.co.il/item/3098072

https://www.google.com.pk/amp/s/arabic.rt.com/document/59c223b095a55767368b4567/amp/899917-
%D8%A7%D9%84%D9%82%D9%86%D8%B5%D9%84%D9%8A%D8%A9-%D8%A7%D9%84%D8%A3%D9%91%D8%B1%D9%8A%AA
%D8%89%D9%84%D9%89-%D8%A7%D9%84%D8%B6%D8%A7%D8%A8%D8%B7-
%D8%A7%D9%84%D8%B1%D9%88%D8%B3%D9%8A-%D8%A7%D9%84%D9%80%D9%8A-
%D8%A3%D9%86%D9%82%D8%B0-%D8%A7%D9%84%D9%84%D9%88%D8%A7%D9%84%D9%80%D9%8A-
%D8%A7%D9%84%D9%85%D8%AA%D8%AD%D8%AF%D8%A9-%D9%85%D9%86-%D8%A7%D9%84%D8%A3
%D9%85%D8%A7%D8%B1

https://m.srf.ch/sendungen/echo-der-zeit/letzte-kuer-vor-der-wahl

https://www.rtlnieuws.nl/opmerkelijk/russische-oud-militair-overleden-die-de-darde-wereldoorlog-voorkwam

https://www.google.co.za/amp/www.latimes.com/local/obituaries/la-me-stanislavsky-petrov-20170921-story,amp.html

https://youtu.be/knTnkCk9ZYs

http://thebulletin.org/my-time-stanislav-petrov-no-cog-machine11137

http://www.heraldtribune.com/news/20170919/stanislav-petrov-who-averted-nuclear-war-dies-at-77

http://m.rp-online.de/politik/der-mann-der-einen-atomkrieg-verhinderte-aid-1.7105222

http://www.latimes.com/opinion/readersreact/la-ol-le-stanislav-petrov-nuclear-strike-20170926-story.html

http://www.comunidadeculturaearte.com/stanislav-petrov-o-homem-que-salvou-o-mundo-de-um-ataque-nuclear-e-da-3a-guerra-mundial/

https://www.groene.nl/artikel/stanislav-petrov-7-september-1939-19-mei-2017

http://m.rp-online.de/politik/der-bestatter-der-den-retter-der-welt-ausgrub-aid-1.7105222

http://m.rp-online.de/politik/der-mann-der-einen-atomkrieg-verhinderte-aid-1.7105222

https://www.birgun.net/haber-detay/sovyet-kahramani-stanislav-petrov-sessiz-sedasiz-oldu-emre-ituat-etmedi-savasi-onledi-182147.html

http://www.sandiegouniontribune.com/pomerado-news/opinion/editorial/get-real/sd-cronin-when-sun-falls-out-of-the-sky-20171004-htmlstory.html

https://www.rb.no/nyheter/atomvapen/russland/for-34-ar-siden-var-jorden-minutter-unna-utslettelse-men-han-nektet-a-trykke-pa-knappen/s/5-43-597994

https://de.sputniknews.com/politik/20170922317551235-tillerson-kernwaffen-atomkrieg-petrow/

139

DANKSAGUNGEN

Ich habe mich zu bedanken bei:

-meiner Frau, Margit, weil sie für mich wichtige Ideen hat immer machen lassen

-Ian Smith, der mir die Adresse von Stanislaw Petrow gab.

-Helmut Höhn, der mit mir nach Moskau flog.

-meinem Sohn Karl-Markus Schumacher für seine Unterstützung

-meinem Schwiegersohn Michel Zimmermann für diverse Hilfen

-Dem Reisebüro Frenzel und Stein, Duisburg

-Dr. Bernd Laroche, Schulleiter Sophie-Scholl-Gymnasium

-Sigrid Jocks, Lehrerin des Russisch Kurses

-Karl-Heinz Pflugbeil

-Frau Koenen vom Optiker Schmalt

-Dr. Hüttermann, Zahnarzt

-Horst und Christa Romp

-Manfred und Helga Grosser

-Prof. Roland Günter, dem Retter von Eisenheim

-Roland Altenkämper von der VOBA Oberhausen-Mülheim

-Werner Welling von Blumen Welling

-Michael Laux, LX-Werbeagentur für die Internetseiten

-Dem WDR, SAT1 und der WAZ Oberhausen

-Ingeborg Jacobs, Buchautorin

-Götz Kerkemeier für die Grabplatte Stanislaw Petrow

-Dr. Leo Ensel, für den Kontakt mit Prof. Ruslan Grinberg

-Ruslan Grinberg für den Kontakt mit Michail Gorbatschow.

-Wladimir Polyakow von der Gorbatschow-Stiftung

-Mark Roberz für den grafischen Globus auf dem Titel
-Michael Bresgott für viele Berichte in der WAZ
-meiner Tochter Nicole Schumacher-Michels für das Lektorat

Für die Aufstellung der Tafeln im Park an der Vestischen Straße bedanke ich mich bei:

-Bezirksbürgermeister Thomas Krey und den Mitgliedern aller
  Parteien der Bezirksvertretung Osterfeld, insbesondere bei
  Karl-Heinz Steffan
-Peter Michels für den englischen Text der Tafel
-Bürgermeisterin Stefanie Opitz
-Eberhard Kirchhoff für das Gedicht über Stanislaw Petrow
-Jürgen Fröhlich Inhaber der Fa. L`Atelier Duisburg
-Rainer Iwan Stempel- und Schilderfabrik in Oberhausen,
-Bauunternehmung Winfried Kentgens in Osterfeld
-Siggi Prokein und seiner Siggi Prokein Band
-Hermann-Josef Schepers für den Strom von der Heidekirche
-Wolfgang Heitzer und Marc Grunenberg, Multi Aktion
-Uwe Schierhorn, Bonn, für seine Anregungen
-Prof. Karl Bläsius und Knut Heilscher für die Teilnahme
-Dennis Florie vom Art- Cafe´ Florian Bottrop
-Georgios Dimas vom Restaurant Aphrodite Oberhausen
-In zweifacher Weise danke ich Prof. Michael Heneka, Luxemburg
-Anton Kirchner für den IT-Support.

Ich bedanke mich bei Harri King-Salter, für die englische Übersetzung und bei Erika Rubinstein für die russische Übersetzung. Beide wurden vermittelt vom Übersetzungsbüro Ragunathan in Mülheim an der Ruhr.

Ein besonderer Dank gilt meiner Tochter Janne Schumacher Zimmermann ohne deren Hilfe dieses Buch nicht entstanden wäre.

Über den Autor

Karl Schumacher, 72 Jahre, lebt seit seiner Geburt in Oberhausen, verheiratet, 3 Kinder, 9 Enkelkinder

Studium der Rechtswissenschaften von 1971-1975
Von 1975 bis 2015 als selbstständiger Bestatter tätig.

Lebensmotto: Tue recht und scheue niemand
Besondere Interessen: Lesen, Skatspielen, Reisen

Außergewöhnliche Reisen nach: Nordkorea, den Osterinseln, Tonga, Persepolis, Berggorillas in Ruanda, Sansibar, Madagaskar und St. Helena im Atlantik.

Bürgerschaftliches Engagement in diversen Ehrenämtern außerhalb der Politik.

Über Reaktionen zu diesem Buch per E-Mail würde ich mich freuen.

inhaber@karl-schumacher.de